神戸外大教師が新入生にすすめる本

神戸市外国語大学［編］

神戸新聞総合出版センター

神戸外大教師が新入生にすすめる本

目次

神戸外大教師が新入生にすすめる本

はじめに

指　昭博《さしあきひろ》
神戸市外国語大学学長

　今回、神戸市外国語大学に関わる先生方に、『おすすめの本』を挙げていただきました。大学では、学生に学習や研究のための図書を推薦することは日常的なことです。講義で学問のすべてを伝えることは無理ですから、読書を重ねることにこそ、学問を発展させる力があるといえます。

　推薦された本によって目からうろこの経験をすることもあれば、何年も経って、はじめてその凄さに気がつくこともあります。書物も読者の経験を求めるからでしょう。

　しかし、自分の思い出の本や専門分野以外の書物について話をする機会は、意外に少ないものです。いざ自分のおすすめを書こうとして、とても懐かしく、同時に難しい作業であることが分かりました。あの本も挙げたい、この作家を省くのは忍びない、という想いはもちろんとして、自分の読書について改めて考えていくと、日頃それほど意識していない書物のタイトルが急浮上してきたりもしました。

　それなりの年数を生きてくると、折々に感銘を受けた本が何冊もあって、とっさにどれかを選ぶことはできないし、感動が記憶の奥底に沈んで、自分で意識しないこともあります。それでも、人というのは、そういった心の響きとさまざまな経験でできているのは確かでしょう。本書ですすめられた本に寄稿者の思いを感じてください。みなさんには、たっぷりの時間と、多彩な読書を心の糧にできるピュアな感性がそなわっているのですから。

本の推薦をお願いしたアンケートの設問は、以下の通りです。

1 これまでで最も心に残る書物、または新入生にぜひすすめたい作品。

2 これまでに読んで、新入生にもすすめたい文学作品。

3 ご専門分野で、新入生に読んでもらいたい入門書。

4 できるだけ多くの作品を読んでほしい作家、または著者。

柴田　元幸《しばたもとゆき》

アメリカ文学・翻訳

1　**『ハーメルンの笛吹き男─伝説とその世界』**

阿部謹也　ちくま文庫

笛を使って鼠を駆除したのに市民が約束の報酬を拒んだので、ふたたび笛を吹いて町の子供たちを連れ去ってしまった男をめぐる伝説と、歴史的事実との絡みあいを解きほぐしていく。緻密な学問的思考と、庶民への共感とがあわさって、1974年刊行時の学界の流行とはまったく違った分野を切りひらいた一冊。

2　**『アンナ・カレーニナ』**

トルストイ／中村融訳　岩波文庫

「次はどうなるんだろう」という、物語が引き起こす基本的な興味をもっとも強く喚起された本。何度も電車を乗り過ごした。岩波文庫、新潮文庫、光文社古典新訳文庫、など複数の訳があり、好みは分かれると思うので、冒頭を較べてみて選んでもらえれば。

3　**『サーカスが来た！─アメリカ大衆文化覚書』**　亀井俊介　平凡社ライブラリー

いまでこそ「大衆文化」は立派な研究分野だが、この本が刊行された1977年当時、アメリカの西部劇、サーカス、ミンストレル・ショー等々を詳しく研究し、かつ読んで面白い書物にした人は皆無だった（実はその後もいない）。その開拓者精神自体が、最良の意味でアメリカ的。

4　**フランツ・カフカ**

たとえばセロニアス・モンクが、人と同じピアノという楽器を使っているはずなのになぜこんなに違う音が出せるんだろう、と思わせるのと同じように、カフカの文章も、人と同じく言語というものを使っているはずなのに、なぜかたった数行で、誰とも違う世界を作り出す。自分はもう手遅れだが、こういう文章に十代、二十代のころ浸るといいと思う。白水Uブックス「カフカ・コレクション」の池内紀をはじめ複数の訳あり。

毛 丹青（まおたんせい）

中国文学・日本文化論

1

『語りかける花』

志村ふくみ　人文書院

美しい日本語とは何か。表現の幅を広げるためにもおすすめです。

『翻訳はウソをつく』 別宮貞徳　文藝春秋

外国語を日本語にするのが難しいというから実際はどうだったのか。語学の学習者にとってエンタテイメントだ。

『思考の整理学』 外山滋比古　筑摩書房

異文化に触れていくうちに自分の考えが洗い出されるという他発的方法もありうる。広い視野などは明快に提示される。

2

『出家とその弟子』

倉田百三　岩波文庫

作品生命の長さだけでも明治以来の文学界で稀にみるものとして、人間の思想的な挫折と葛藤を繰り返す本質への書き出しは、とにかく圧巻だ。

『夏の夜の夢・あらし』 シェイクスピア／

福田恒存訳　新潮文庫

日本語にしては、物凄い迫力のある訳文だ。

『火花』 又吉直樹　文藝春秋

意外にも純文学。最初の一文だけでも文学だ。

3

『中国という世界』

竹内実　岩波新書

中国人の気質まで描き出す中国論だ。読みやすい。

『シュリーマン旅行記　清国・日本』

ハインリッヒ・シュリーマン／石井和子訳

講談社学術文庫

中国と日本との鮮やかな対照は良くも悪くも参

考になる一冊の名作だ。

『魯迅点景』 吉田富夫　研文出版

現代中国を読み解くための優しい文学論だ。

4 莫言（ノーベル文学賞中国人作家）

心がざわざわしたり、不思議な感覚を得るような読書体験は、絶対と言ってもいいぐらい必要だ。そうすることによって自分の知らなかった世界観がパッと開けるはずだ。短編集オススメ。

木村　榮一（きむらえいいち）

ラテンアメリカ及びスペインの文学

1 『ゲーテ格言集』

高橋健二訳　新潮文庫

ドイツ文学者の高橋健二がゲーテの膨大な著作の中から選び抜いた数々の名言を集めた作品。「人間はけだかくあれ、情けぶかくやさしくあれ！そのことだけが、われらの知っている一切のものと　人間とを区別する」といったような美しく心にしみる言葉が数多く収められていて、昔から読み続けているぼくの愛読書です。

『罪と罰（上・中・下）』 ドストエフスキー／

江川卓訳　岩波文庫

中学三年生の頃、兄の本棚にあった『罪と罰』（米川正夫訳だったと思います）を読みはじめて一気に作品世界に引き込まれ、読み終えたあと脳天を痛撃されたようなショックを受けました。その後も文学作品に親しみ続けたのは、おそらくもう一度ラスコーリニコフやソーニャが出てくるあのような作品に出会いたいという気持ちがあったからでしょう。

『デイヴィッド・コパフィールド（全五巻）』

ディケンズ／石塚裕子訳　岩波文庫

※中野好夫訳（新潮文庫）もある。

大学に勤めたばかりの頃、母親が半年近く入院することになりました。大きな手術を受けて予断を許さない状態が数か月続いたのですが、夜間付き添っていたぼくはずっとディケンズのこの小説を読み続けていました。今になってみると、デイヴィッドを中心に様々な人物が登場するこの作品に救われていたような気がします。

2 **『戦争と平和（全四巻）』** トルストイ／工藤精一郎訳　新潮文庫

十九世紀はじめ、ナポレオンに率いられたフランス軍がロシアに攻め込みます。モスクワを制圧されたロシア軍が退却の際に首都を焼き払ったために、侵略者たちは食料不足になり、加えて冬将軍の到来とともについに撤退を余儀なくされて敗走します。こうした時代背景をもとに当時のロシア貴族の社会と一般庶民の姿を生き生きと描きだしたこの傑作は、忘れがたい小説としていつまでも記憶に残るでしょう。

『ポー名作集』 丸谷才一訳　中公文庫
『黒猫・モルグ街の殺人事件』 ポオ／中野好夫訳　岩波文庫
『変身』 カフカ／高橋義孝訳　新潮文庫

ポーとカフカはアルゼンチンのボルヘスが絶賛してやまない作家ですが、ポーだと「アッシャー家の崩壊」に代表される怪奇幻想物語をはじめ、文学史上最初の探偵小説と言われる「盗まれた手紙」が、またカフカの作品では中編小説『変身』をはじめ「流刑地にて」「家父の気がかり」など数多くの短編が特異な幻想世界へとあなた方をいざないます。

『吾輩は猫である』 夏目漱石　文春文庫他

何よりも驚かされるのは、この小説で用いられているみごとな日本語が百年以上前のものだというのに、少しも古びていないことです。もうひとつは、語り手が〈猫〉という意想外の設定で、登場人物たちが〈猫〉の皮肉っぽい目線を通して描き出されるので、何とも言いようのないおかしさが生じてくるのが大きな魅力です。

3 **『ドン・キホーテ（全六巻）』** セルバンテス／牛島信明訳　岩波文庫

騎士道小説をはじめ類型化していたさまざまな形式の過去の小説を、一撃で粉砕したルネサンス期のスペインが生んだ傑作。これを読まずしてスペインの歴史はもちろん、文化についても語れない。しかも、現代スペイン語を身につければ、何とか原書で読めるという特典までついている。さあ、貧乏郷士と愛すべき従者と共に破天荒な冒険の旅に出よう。

『百年の孤独』 ガルシア＝マルケス／鼓直訳
新潮社

たった一冊の小説が閉塞状況にあった20世紀の世界文学に衝撃を与えて活性化し、さらに発展途上国の作家たちを創作へと駆り立てたのですから、驚くほかはありません。その一冊とはスペイン語圏の国である南米コロンビアのノーベル賞作家ガルシア＝マルケスが書いた傑作『百年の孤独』です。現代文学のただなかに神話的な世界をよみがえらせた功績は計り知れないほど大きい。

『アレフ』『伝奇集』 ボルヘス／鼓直訳
岩波文庫

その博識ぶりでヨーロッパの知識人を驚嘆させた稀代の作家アルゼンチンのボルヘスは、詩やエッセイにおいて素晴らしい作品を残しています。一方で、短篇小説でも忘れがたい作品をいくつも発表していますが、中でも「不死の人」「アレフ」「円環の廃墟」「バベルの図書館」などは読者の心と記憶の中にいつまでも生き続けることでしょう。

4 司馬遼太郎

坂本龍馬を中心に据えて幕末の動乱期を駆け抜けた若者たちの群像を描いた傑作**『竜馬がゆく』**(文春文庫）をはじめ数々の歴史小説を書いた司馬遼太郎は、一方で紀行文の名手であり、膨大な著作を残しています。歴史にゆかりの深い日本各地はもちろん、アジア圏や欧米諸国にまで足を延ばして書き綴った旅行記**『街道をゆく』**(朝日文庫）は、彼の小説と合わせてぜひ手元においてじっくり読んでいただきたい著作です。

指 昭博（さしあきひろ）

イギリス史

1

『世界原色百科事典（全8巻）』

小学館版

本というものがほとんどなかった家庭で、なぜか購入された、日本ではじめてカラー図版の入った百科事典。子どものときから食い入るように読んだ。

『シャーロック・ホームズ』（シリーズ）

コナン・ドイル

イギリス文化への憧れを植え付けてくれた生涯の伴侶となるべき本。

『チャリング・クロス街84番地―書物を愛する人のための本』 ヘレーン・ハンフ／江藤淳訳

中公文庫

会ったことがなく、遠く離れていても人との繋がりが暖かいものになることを教えてくれる、読書と書籍への愛にあふれた作品。

2

『押絵と旅する男』 江戸川乱歩

各種文庫に収録

その幻想の妖しい美しさ。

『萩原朔太郎詩集』 各種文庫

その日本語の美しさ。

『倫敦巴里』 和田誠　話の特集

※新版 **『もう一度倫敦巴里』** ナナロク社

上質の知的なパロディと品の良い笑いのバイブル。

3

『世界システム論講義』 川北稔

ちくま学芸文庫

歴史をダイナミックに巨視的に捉える視点を学ぶために。

『ハーメルンの笛吹き男―伝説とその世界』

阿部謹也　ちくま文庫

日常の庶民の視点から歴史を考えていく社会史の代表的著作。

『歴史とは何か』 E・H・カー／清水幾太郎訳
岩波新書（改版2014年）

歴史と今を生きる私たちがどのようにつながっているかを明らかにしてくれる名著。

4 須賀敦子

初めて**『コルシア書店の仲間たち』**（1992年）を読んだとき、一ページ目から心をつかまれた。どのページを開いても、その文章の美しさに魅せられ、人への眼差しの暖かさに涙してしまう。小川洋子の小説にも同じような感動を覚えるが、ヨーロッパの文化理解への導きとして、須賀敦子を挙げたい。

Matthew Theado（マシュー・セアドー）

アメリカ文化

1 『オン・ザ・ロード(On the Road)』

ジャック・ケルアック／青山南訳
河出書房

In the late 1940s, a young man travels on the roads of America searching for good times and spiritual values. On the Road explores the back roads and neighborhoods of America in the days before super highways, fast food, and GPS directions. Learn about many small towns and wide-open spaces of America.

（1940年代後半、有意義な時間と精神的な価値を求めて、一人の青年がアメリカの路上を旅します。『オン・ザ・ロード』は、高速道路もファストフードも、そしてナビもなかった時代のアメリカの、裏道やその周辺を探索します。アメリカの小さな町々や広く開かれた空間を体験してみてください。）

難波江　仁美（なばえひとみ）

アメリカ文学

3

『アメリカ名詩選』 亀井俊介、川本皓嗣編
岩波文庫

『アメリカン・マスターピース古典編』
柴田元幸訳　スイッチ・パブリッシング

『しみじみ読むアメリカ文学』
アーウィン・ショー／平石貴樹、その他訳
松柏社

『生きがいについて』 神谷美恵子　みすず書房

『そして、ぼくは旅に出た。―はじまりの森ノースウッズ』 大竹英洋　あすなろ書房

David Farrah（デイヴィッド・ファラ）

文学

1

『Love Poems and Sonnets of William Shakespeare』
William Shakespeare Doubleday

『The Selected Poetry of Rainer Maria Rilke』 Rainer Maria Rilke/
Stephen Mitchell Vintage

『The Collected Poems of Sylvia Plath』
Sylvia Plath/ Edited by Ted Hughes.
Turtleback Books

All of these writers, all of these poems, take the reader into the deepest reaches of the heart and mind of language.
（いずれの作者の、いずれの詩も、読者を言葉の深奥へと誘います。）

2 **『老人と海』**
アーネスト・ヘミングウェイ

For its clarity and precision of language, I recommend this book to any first-year student, especially a student in a composition class.

（明快で精確な言葉で書かれており、1年生に、特に作文クラスの受講生にすすめます。）

3 **『The Collected Poems of Emily Dickinson』** Emily Dickinson
Back Bay Books

『Leaves of Grass』 Walt Whitman. Norton

These books introduce a student to two pillars of the American literary tradition who continue to influence us even today.

（現在も我々に影響を与え続ける、アメリカ文学の伝統の二つの柱の入門書です。）

4 **アーネスト・ヘミングウェイ**

To any student who wishes to develop a clarity and precision of the mind, I once again recommend Ernest Hemingway, particularly his short stories and his novella, The Old Man and the Sea.

（明快で精確な知性を求める学生に、あらためてヘミングウェイをすすめます。特に短編作品と、中編の『老人と海』をすすめます。）

篠田　実紀 (しのだみき)

英米文学

1 **『1984』** George Orwell
Penguin

『1984』は、ジョージ・オーウェルが1948年に1984年の世界を想定して著した小説である。権力者が権力を保持するために巧妙な情報操作を行い、政治に無関心で現状に疑問を抱かぬ人民をつくりあげて彼らを支配する未来社会が描かれる。冷戦初期のソ連をモデルにしたディストピア小説であるというのが一般的解釈であるが、21世紀の社会を予見した作品として、この小説は現在、欧米で再び脚光を浴びている。国家の社会構造と国際関係の普遍的問題を描いた作品である。

新野　緑（にいのみどり）

イギリス小説

1

『父・こんなこと』
幸田文　新潮文庫

明治の文豪幸田露伴との複雑な愛情関係を、娘の幸田文が潔いきりっとした文章で綴った随筆集。掃除指南の後で父が投げかけた呪文のような言葉を表題に持つ「あとみよそわか」は、「躾」というやや古風で日本的な教育の意義を再考させる。

2

『高慢と偏見』ジェイン・オースティン／
阿部知二訳　河出文庫

ヒロインの結婚をめぐるロマンティックなシンデレラ物語と見えるこの作品は、流動するイギリス上層中産階級の実態をひやりとした視点からユーモラスに描き出す。皮肉な語りと登場人物が交わす洗練された会話の妙が魅力の一冊。

『大いなる遺産』チャールズ・ディケンズ／
佐々木徹訳　河出文庫

黄ばんだ花嫁衣装を身に纏う不気味な老女が高慢な美少女と暮らす謎の屋敷。その美少女に卑しい労働者の子となじられた主人公の少年ピップは、彼女への恋心ゆえに「紳士」に成り上がる夢にとらわれていく。ゴシックとリアリズムを織り交ぜ、イギリス人の理想、ジェントルマンの光と影を深く掘り下げたディケンズ晩年の代表作。

3

『シェイクスピアの面白さ』中野好夫
新潮選書、講談社文芸文庫

シェイクスピア劇をはじめ、スウィフト、モーム、コンラッドなど数々の名訳でも知られる著者のシェイクスピア論。小難しい理論に依らず、シェイクスピア劇の面白さを縦横に語って説得力がある。

『道化の文学―ルネサンスの栄光』 高橋康成
中公新書

一見脇役と見える「道化」を焦点として、エラスムス、ラブレー、シェイクスピア、セルバンテスを論じた本書は、一般向けの新書ではあるが、思いがけない知的発見に満ちている。シャープでアクロバティックな論の展開が魅力の一冊だ。

『ディケンズ―19世紀信号手』 小池滋
冬樹社

ユーモアとペーソスの作家、社会派小説家、クリスマス的博愛精神の持ち主といった一般的なディケンズ像を転覆しようとする野心に満ちた批評書。ディケンズの現代的な意義を発見する契機を多数含んでいる。

4 ウィリアム・シェイクスピア

定番すぎて気恥ずかしいけれど、今まで色々な作品を読んできて、やはりこれだけの多様性と深さを持った作家はいないように思う。四百年経った今でも古びず、斬新な演出を自在に受け入れるのも凄い。原文で読むのは大変だが、英語表現の豊かさも味わいたい。

西川 健誠《にしかわけんせい》
英米詩

3 『イギリス名詩選』 平井正穂編
岩波文庫

『アメリカ名詩選』 亀井俊介、川本皓嗣編
岩波文庫

英米詩がどんなものであり、また意外に近づきやすいものか、を知るためによい本だと思います。

吉川 朗子（よしかわさえこ）

英米詩（とくにイギリス・ロマン主義詩）

1 **『The Prelude』** William Wordsworth Penguin Classics

邦訳 **『序曲・詩人の魂の成長』** W・ワーズワス／岡三郎訳　国文社

自然詩人として有名な詩人ですが、革命・戦争の時代、裏切り、裏切られる経験を潜り抜けたのちに得た人間への信頼というもの、これは全編読み通さないと理解できません。読むのはしんどいですが、読み終えた後、なぜ自然が拠り処となるのか、それでもなぜ人の心を信じられるのか、を理解し感動できるでしょう。

『ロマン派のエコロジー―ワーズワスと環境保護の伝統』 ジョナサン・ベイト／小田友弥、石幡直樹訳　松柏社

文学は、社会、世界、環境と繋がっていることを教えてくれる一冊です。

2 **『Possession: A Romance』** A.S. Byatt Vintage

邦訳：**『抱擁』** A・S・バイアット／栗原行雄訳　小野正和、太原千佳子訳詩　新潮文庫

長い作品ですが、文体・描写・挿入された詩のどれもが美しくロマンチックで、また、ミステリーの要素、プロットの面白さもあり、一気に読めます。Possession は邦訳では「抱擁」と訳されていますが、「占有」「心を支配されること」という意味もあります。19世紀の詩人たちの秘めたる恋と20世紀の文学研究者の何かに取り憑かれたような探求心、世紀の発見を我が物にしたいという独占欲――読者もまた惹き込まれ、取り憑かれるように読んでしまうことでしょう。

3 **『英語圏の現代詩を読む―語学力と思考力を鍛える12講』** 中尾まさみ

東京大学出版会

英詩を扱ってはいますが、副題にあるように、英語力と思考力を鍛えるために、そして、地域紛争、人種、家族、脱植民地化、ジェンダーなど今日的で国際的な諸問題について、まず知り、そして自分なりに考えてみる、そのための一冊です。

『日本の名詩、英語でおどる』
アーサー・ビナード　みすず書房

文学作品の翻訳をしてみたいという方におすすめの一冊。日本語と英語の発想の違い、文化の違いに気づくのみならず、言葉が辞書的な意味だけでなく、語感、リズム等を通して意味を伝えていることに気づくでしょう。

Franklin Chang（フランクリン・チャン）
心理学・言語学

1 **『わたしを離さないで』**カズオ・イシグロ
／土屋政雄訳　早川書房

Ishiguro imagines an alternative England with a system of clones and organ donation. He presents the story through nostalgic memories and only at the end of the book do you realize the beauty and horror of what the characters have experienced.

（イシグロは、クローン人間と臓器移植のシステムを持つ想像上のイギリスを考え出しました。彼はこの物語を郷愁に満ちた追憶として描きますが、読者は最後の部分を読んではじめて、登場人物達が目にしていた美しさと恐ろしさを知ることになります。）

3 **『The Ascent of Babel』**
Gerry Altmann Oxford University Press

This book is about language and why it works like it does. It goes from animal language to children to robots, and talks about all of the processes in your brain that support language processing.

（この本は、言語について、また、それがなぜ機能するのかについて語ります。動物の言語から子供、ロボットに至るまでを扱い、言語処理をサポートする脳内プロセスのすべてについて語っています。）

長沼　美香子（ながぬまみかこ）

通訳学・翻訳学

3 **『翻訳語成立事情』**柳父章
岩波新書

『未知との出会い─翻訳文化論再説』柳父章
法政大学出版局

『「ゴッド」は神か上帝か』柳父章
岩波現代文庫

「翻訳とはなにか」を問う柳父《やなぶ》章《あきら》（1928―2018）の翻訳論は、外国語を学ぶすべての学生の必読書。日本における翻訳研究をけん引してきた彼の著作はどれから読み始めても良いが、一冊目の新書はベストセラーで入手しやすく、内容の充実度も二重丸で一気に読める。ただし入門書として恰好なのは、柳父の思想が凝縮されている二冊目かもしれない。私自身が協力したインタビューや著作目録も付いている。「未知との出会いから翻訳が始まる」というスリリングな翻訳文化論をぜひ楽しんでほしい。三冊目のＧｏｄの訳語をめぐる議論は、やや上級者向きだが、とても深い洞察なので挑戦してみてはいかがだろうか。

玉井　健（たまいけん）

英語教育学

1 『日本文学史序説（上・下）』加藤周一　ちくま学芸文庫

本書は文学史と銘打ちつつ個別的作品紹介ではありません。文学を一つの「現象」と捉えて、日本土着の世界観が外部からの思想的挑戦にどう反応してきたかの歴史的な流れを明らかにするという結構な目的を持っています。加藤は古今の文献を引きながら物語、詩歌、宗教史料や絵画などを時間と空間の織地に曼荼羅の如く編み上げていきます。その端正な文章を味わうのも醍醐味でしょう。

3 『史上最悪の英語政策―ウソだらけの「4技能」看板』阿部公彦　ひつじ書房

２０１９年末入試への外部試験導入が見送られたのは記憶に新しいでしょう。本書はその名の通り今日本で進行中の英語教育政策批判の書です。経団連や巨大英語教育ビジネスと政治、その思惑の醸造プロセスとしての有識者会議がいかに本邦の英語教育政策を歪めているか、舌鋒鋭く且つ分かりやすく説いています。政治がなぜ英語教育を狙うのか、私のみならずあなたも当事者として渦中にあるのですよ。

野村　和宏（のむらかずひろ）

英語学・英語教育

3 **『辞書を編む』**飯間浩明著　光文社新書

『舟を編む』三浦しをん　光文社文庫

『博士と狂人―世界最高の辞書OEDの誕生秘話』サイモン・ウィンチェスター／鈴木主税訳　ハヤカワ文庫

外大生になって本格的に言語の勉強に取り組む際に無くてはならないものがさまざまな辞書。今は電子辞書やWEB辞書、スマホ辞書など気楽に使えるようになったが、辞書がどのように作られるのかを知ると辞書の楽しみ方も変わる。有名な『ジーニアス英和辞典』は神戸外大におられた小西友七先生が作られたもので、『ウィズダム英和辞典』も小西先生のゼミ生だった赤野一郎先生の労作だ。私も小西先生に学び『ランダムハウス英和大辞典』改訂などに関わったことで、辞書を編纂することが多くの時間と労力と根気を要するいかに大変な仕事かを学んだ。『三省堂国語辞典』編集者だった飯間さんによる辞書編集の裏話、本屋大賞を受賞した『舟を編む』で展開される辞書編集チームの人間模様などはとても興味深い。さらにコンピュータもない時代に、世界最大の『オックスフォード英語大辞典』（OED）の編纂に生涯を捧げた編集者の話は実に感動的だ。

横田　玲子（よこたれいこ）

早期英語教育（児童英語教育・小学校英語教育）

1 **『選択の科学』**シーナ・アイエンガー／櫻井祐子訳　文藝春秋

NHK教育テレビの「コロンビア白熱教室」でも著者のレクチャーが放送されたので知っている人もいるかと思います。この本はそのレクチャーでは話されなかった多くのことが非常によくまとめられています。良質な、しかも読みやすい論文を読めるといった感じでもあります。また著者は日本に留学していたこともあり、日本人、あるいはアジア人に関する分析、記述も興味深く読めます。「人生はchanceではなく、choice」ということを聞いたことがありますが、それを思い出させる本です。

2 **『太陽の子』** 灰谷健次郎
角川文庫

児童図書ではありますが、沖縄が抱えている問題を文学の中で哀しく、鋭く突いています。最初に読んだ時、期待していなかった結末に、涙が止まりませんでした。

3 **『たった一つを変えるだけ』** ダン・ロススタイン、ルース・サンタナ／吉田新一郎訳　新評論

早期英語教育のみならず、小中高大、すべてのレベルの「教育」において、日本の教育、日本の学校教育の教室に欠けているもの「質問する力」について詳しく書かれています。「多くを問うものは、多くを学び、多くを保持する」「教師に指示されている限り、僕らは何も学んでいない」。教える側も、学ぶ側も考えさせられる一冊です。

山口　治彦（やまぐちはるひこ）
英語学・言語学

1 **『ナマコの眼』** 鶴見良行
ちくま学芸文庫

ないはずのナマコの眼《まなこ》を通して眺める東アジアの文化史。その視野は広く、自由だ。

2 **『ハーメルンの笛吹き男―伝説とその世界』**
阿部謹也　ちくま文庫

著者曰く、この本は「これまでの研究生活のなかに思いがけなくも咲いた、小さな花のよう」。著者に訪れた幸運とそれを逃さない努力に敬意。

『言語表現法講義』 加藤典洋　岩波書店

書くことの本分は、自分の考えをうまく伝えることよりも、「よりよく考えるための、つまり自分と向かい合うための一つの経験の場」となることにある。

2

18、19の頃に読んだ本を。その頃の読書がもっとも心に残っている。

『山の音』 川端康成　新潮文庫

家族をめぐる心の機微。主人公の年齢に近づいた今よりも、当時のほうが共感できたのはなぜだろう。

『豊饒の海（第1～4巻）』 三島由紀夫　新潮文庫

三島の4部作。「春の海」の美しさにときめきつつも、少しイライラしながら読んだ。

『アポロンの島』 小川国夫　講談社文芸文庫

小川の他の作品は楽しめなかったが、この本の光と陰はまばゆかった。

3

『日本人の英語』 マーク・ピーターセン　岩波新書

英語の感覚を体感するための一冊。**『続　日本人の英語』『心にとどく英語』** と読み進めると、著者の日本語の上達ぶりも楽しめる（かな）。

『レトリック感覚』 佐藤信夫　講談社学術文庫

修辞学の遺産を引き継ぎつつ、新たな視点でことばの綾を見通す。記述も例文も質が高く、わかりやすい。

『ささやく恋人、りきむレポーター』 定延利之　岩波書店

言いよどむ、りきむ、空気をすする。それまで捨て置かれていた現象を文法とかかわらせるユニークさ。定延さんはやっぱり定延さん。

4

橋本治

小説、古典の現代語訳、随筆、脚本、評論、イラストレーション、編み物に至るまで、なんでもできてしまう人。スタイルの達人。

山口 征孝（やまぐちまさたか）

語用論・言語人類学・認識人類学

1

『英語と日本人』太田雄三

講談社学術文庫

1860年代生まれの新渡戸稲造や内村鑑三が驚くほど高い英語力を持っていたことを知り、これからの英語学習の刺激にしてほしい。

『大衆教育社会のゆくえ』苅谷剛彦　中公新書

日本社会での「階層と教育」の問題を我々の常識的教育観を疑うことから解き明かす名著である。

『「超」文章法』野口悠紀雄　中公新書

これからレポート・卒論を書かなければならない新入生へのわかりやすい手引となる。

2

『罪と罰（上・下）』ドストエフスキー／工藤精一郎訳　新潮文庫

感性豊かな今の時期に是非読んで頂きたい名著である。「ラスコーリニコフが大地にキスをした」部分で涙が止まらないのは私だけではないと思う。

3

『言語学講義』加藤重広

ちくま新書

これからの言語学の方向性を学際的に探究している入門書。

『ことばと文化』鈴木孝夫　岩波新書

日本の社会言語学の出発点の本。「お天気のお姉さん」とは言うが、なぜ「お天気の妹さん」とは言わないのか、などの身近な問題を考察している。

『ことばの起源—猿の毛づくろい、人のゴシップ—』ロビン・ダンバー／松浦俊輔、服部清美訳

青土社

（原典）**『Grooming, Gossip, and the Evolution of Language』**Robin Dunbar

Harvard University Press

原典（英語）で是非読んで頂きたい。言語の起源は「猿の毛づくろい」の代用としての「ゴシッ

プ」であるという仮説を進化論の立場から立てている。

平川　裕己（ひらかわゆうき）

レトリック・談話分析

1 『Discourse Analysis, 2nd ed』

Barbara Johnstone Blackwell

言語学のなかの「談話分析」という分野の概説書です。概説書は一般に、当該分野の基礎的知見や理論的背景などを整理して初学者に示す、という体裁をとるものが多いように思います。そのような書き方も分かりやすくはあるのですが、一方的な知識の伝達に終始しがちです。それに対して、この本は、ことばのデータへの向き合い方に焦点を当て、読者を分析・考察に巻き込んでいくというスタイルで書かれています。分野の基礎をおさえながら、著者独自の立場や考え方にも触れることができる、楽しい本です。

2 『ドグラ・マグラ（上・下）』夢野久作

角川文庫

日本三大奇書のひとつで、「読んだ者は精神に異常をきたす」とも言われる探偵小説です。物語は記憶喪失中の精神病患者を中心に展開します。話の本筋それ自体はシンプルなのですが、種々の肉付けによって、手短なことばに要約することのできない独特の世界が構築されます。

角川文庫版の表紙に惹かれて手に取った本ですが、いざ読み始めると、作品の世界に強く引き摺り込まれたことを覚えています。精神に異常をきたしてみたい人は、ぜひ挑戦してみてください。

3 『レトリック感覚』佐藤信夫

講談社学術文庫

『議論入門―負けないための5つの技術』

香西秀信　ちくま学芸文庫

『レトリック入門―修辞と論証』野内良三

世界思想社

この3冊は、いずれもレトリックについて書かれたものです。レトリックというと、文学的な表現技法が思い浮かぶかもしれません。それも間違いではないのですが、レトリックは日常的な議論の組み立てや、ヒトの認識のあり方にも深くかかわっています。レトリックの広がりと奥深さを知っておくことは、ことばを操る術を学ぶ外大生にとって非常に重要だと思います。

4 香西秀信

新入生におすすめしたい著者は、修辞学者の香西秀信です。彼の著作は、議論によって思考を鍛え上げる方法を教えてくれます。他者の文章を読むときには、著者の論理をたどりながら、その長所と短所を冷静に見極めて評価する。自分自身の意見を主張するときには、相手を納得させることができるだけの材料を集め、説得力のある構成に組み立てる。こうした「思考の基礎体力」は、大学での勉強だけでなく、社会のなかで生きていくうえでも不可欠です。香西の著作を丹念に読んで、しっかりと「体力づくり」をしてほしいと思います。

本多 啓（ほんだあきら）

認知言語学（英語学・日本語学）

1 『クリティカル進化（シンカー）論――「OL進化論」で学ぶ思考の技法』

道田泰司ほか　北大路書房

おすすめしたい本です。4コマ漫画を題材にした、適切なものの見方・考え方を身につけるための一冊。人間のものの見方・考え方にはどのような「くせ」があるかについて、認知心理学の研究成果を取り入れて身近な事例に即して解説したうえで、その「くせ」に適切に対処するための指針を提示した本です。認知言語学で使われる「フレーム」についての理解も深まります。

2

『舟を編む』三浦しをん　光文社文庫

国語辞典の制作の現場を描いた小説。映画化もされた作品ですが、言葉に興味がある人は原作で読むといいと思います。

『英子の森』松田青子　河出文庫

不思議な雰囲気の小説ですが、外国語学部への進学を考えている人は一度読んでみるといいと思います。外国語学部では外国語を習得することプラスアルファが大事。皆さんそれぞれにとってのその「プラスアルファ」は何なのかを考えるきっかけにしてください。

『架空論文投稿計画―あらゆる意味ででっちあげられた数章』松崎有理　光文社

筋立ては単純に娯楽として楽しめる本ですが、それとは別に、研究という営みの楽しさと辛さを感じとることができる作品です。将来学者・研究者になってみたい人にも、そうでない人にも。

3

『言葉のしくみ―認知言語学のはなし』高橋英光　北海道大学出版会

言語学概論または英語学概論の最初の方で「つかみ」として扱うような、「言語についての思いこみ」を考え直す話から入りつつ、認知言語学という学問がただ単に言語について研究するだけの学問なのではなく、認知科学なのだ、ということを分かりやすく説いた本です。

『知覚と行為の認知言語学―「私」は自分の外にある』本多啓　開拓社言語・文化選書

言葉の意味とはどのような性質をもつものか、についての認知意味論の考え方の中核を、生態心理学の知覚・行為観と関連づけながら、専門用語を一切使わずに解説した本です。

著者によるサポートページ：http://akirahonda.no.coocan.jp/chikakukoui.html

『英単語の世界―多義語と意味変化から見る』寺澤盾　中公新書

英単語の意味変化・意味拡張について、英語史研究の第一人者が認知言語学の知見を踏まえて解説した本。取り上げられた例の豊富さだけでなく、用語解説・文献案内・索引（巻末付録）の充実ぶりが圧巻です。

萩澤 大輝（はぎさわだいき）

認知言語学・英語学（語形成）

1 **『哲学探究』** ヴィトゲンシュタイン／丘沢静也訳　岩波書店

言語について、生活の次元から離れずに深く思索することを実践した書。開くたびに新鮮な発見や示唆がある。文体も魅力的。あわせて **『ツチヤ教授の哲学講義』** 土屋賢二（文春文庫）を読むと、哲学全体の中での位置づけがよく分かる。

『ファスト&スロー（上・下）』 ダニエル・カーネマン／村井章子訳　早川書房

人間の心（思考や認知）に関心のある人はぜひ一読してほしい。思い込みが根本から覆される。

2 **『ツァラトゥストラ（上・下）』** ニーチェ／丘沢静也訳　光文社古典新訳文庫

心の支えになるパンチラインが随所にある。本書に限らず、タイトルしか耳にしたことのないような古典を実際にひもとく時間があるのは大学生の特権。

『カンガルー日和』 村上春樹　講談社文庫

ほのぼのした作品から風刺や実験的文体までバラエティに富んだ初期短編集。神戸が舞台の作品も。

3 **『ファンダメンタル認知言語学』** 野村益寛　ひつじ書房

認知言語学を知るならまずこの一冊から。懇切丁寧。

『言語学の教室』 西村義樹、野矢茂樹　中公新書

認知言語学の専門家と哲学の専門家の対談をもとにした本。分かりやすい。網羅的ではないが、

原理的な考え方を学べる。

『英語の成長と構造』

イェスペルセン／米倉綽監訳　英宝社

きわめて豊富な実例をもとに英語の語彙を解説した名著。

4 **野矢茂樹**

論理と言語を武器に、哲学上の難問と格闘する一連の著作は読み応えがある。著者の主張ははたして本当に説得的か、自分で批判的に吟味しながら読み進める経験をしてほしい。その他、論理学や国語についての教育的著作もある。

菊池　由記《きくちゆき》

英語学（認知言語学・形態論）

1 **『はじめての英語史─英語の「なぜ？」に答える』**堀田隆一　研究社

「なぜ a apple ではなく an apple なのか」「なぜ name は『ナメ』ではなく『ネイム』と発音されるのか」などの素朴な疑問に着目して英語の歴史について学んでいく、英語史の入門書。前者の場合、不定冠詞 a (n) について「基本は a だが、母音で始まる語の前では an になる」のではなく「基本は an だが、子音で始まる語の前では a になる」という、発想を逆転させた説明が非常に面白い。

2 **『火曜クラブ』**アガサ・クリスティー／中村妙子訳　早川書房

この短編推理小説13篇では、ミス・マープルが迷宮入り事件を次々と解き、驚異の推理力を披露する。クリスティーの作品は名探偵ポアロが登場する長編もよいが、ミス・マープルという魅力的な老婦人が素人探偵として活躍する短編集も興味深く楽しめる。

『マンスフィールド短編集』 マンスフィールド／安藤一郎訳　新潮文庫

「園遊会」はマンスフィールドの代表作で、楽しい園遊会の日に一人の少女が初めて「死」に直面する心理を描いている。

3

『日英対照　英語学の基礎』
三原健一、高見健一編著　くろしお出版

音韻論、形態論、統語論、意味論、語用論の研究分野とその内容を分かりやすく解説している。日本語と比較することで、英語の音や単語、文や会話などがどのような仕組みになっているかをより深く理解できる。

『単語の構造の秘密―日英語の造語法を探る』
竝木崇康　開拓社

英語や日本語の単語が持つ構造、発音、意味について述べている。身近な表現を通して単語の派生や複合語、アクセントなどを体系的に学べる。

4 高見健一

高見健一先生は、英語や日本語の言葉の仕組みを統語的、意味的、機能的側面から分析を行う言語学者であり、「使役」や「場所句倒置構文」に関する研究内容の話は非常に面白い。言語学をさらに勉強したい学生には**『英語の構文とその意味―生成文法と機能的構文論』**（開拓社）を、従来とは違った視点から見た英文法について学びたい学生には、**『謎解きの英文法』**シリーズ（くろしお出版）をすすめたい。どちらも久野暲先生との共著である。

金子 百合子 (かねこゆりこ)

現代ロシア語（アスペクト論・対照言語学）

1

『「する」と「なる」の言語学—言語と文化のタイポロジーへの試論』 池上嘉彦

大修館書店

『Semantics, culture, and cognition: universal human concepts in culture-specific configurations』

Anna Wierzbicka Oxford University Press

池上氏の本では、言語によって動作の表現様式の傾向が異なる点を、日本語と英語の例を沢山用いてわかりやすく説明しています。A. Wierzbicka氏の本には「The Russian Language」という節があり、「文化の鏡としての言語」という立場から、英語とロシア語の語彙や構文を対照しています。

2

『永遠のジャック&ベティ』 清水義範

講談社

『文字移植』 多和田葉子 河出文庫

『われら』 ザミャーチン／川端香男里訳

岩波文庫

『1984年』 ジョージ・オーウェル／

新庄哲夫訳 ハヤカワ文庫

言語の本質とその「力」を考える時にとても興味深い文学作品のいくつかです。ことばによって表わされるもの、表わされないもの、表わされるべきとされるもの、されないもの、など言語や表現に対する感性は磨いておきたいものです。

3

『Aspect: an introduction to the study of verbal aspect and related problems』 Bernard Comrie

Cambridge University Press

『A grammar of aspect: usage and meaning in the Russian verb』

James Forsyth Cambridge University Press

『日本語動詞のアスペクト』 金田一春彦
むぎ書房

岡本 崇男 (おかもとたかお)

ロシア語学・中世ロシア語

2 **『幼年時代』『少年時代』『青年時代』**
トルストイ（処女作） 新潮文庫など

ロシア貴族の子弟がどのような教育を受けていくのかを知ることができるだけでなく、見事大学に合格しても遊びすぎると落第するという教訓もあります（さすがトルストイ）。

『三四郎』 夏目漱石 新潮文庫、岩波文庫など

大学生になって、故郷という既知の世界に加えて学問・研究の世界と社交の世界という三つの世界の間を行ったり来たりする気持ちは新入生が一番よく理解できるのではないかと思います。ただ、少し男目線ではあるのですが（三十歳を過ぎたら『行人』を読んでもいいかもしれない）。

3 **『古代スラヴ語の世界史』** 服部文昭
白水社

9世紀にスラヴ文語が成立した頃の文化・社会・政治の状況がよくわかります。普通、こうした著作では、文献資料が伝えてくれる情報と情報の間を著者が推論や想像で埋めて、読めるストーリーに仕立てるのですが、この本は読者の受けを狙った余計な想像を極力避けているので、かえって読む価値があります。

北見 諭 (きたみさとし)

ロシア思想史

1 **『存在と時間』** ハイデッガー／熊野純彦訳
岩波文庫

『歴史と階級意識』 ルカーチ／城塚登他訳
未來社

『**政治神学**』カール・シュミット／田中浩他訳
未來社

第一次世界大戦前後の哲学、思想、文学、芸術に関心があります。それは学生の頃に始まり、今でも基本的に変わっていません。これらの本は、「心に残る」という表現には適さないですし、新入生に「すすめたい作品」というには明らかに難しすぎると思いますが、上記のような理由で選びました。

2

『**ペテルブルグ**』ベールイ／川端香男里訳
講談社文芸文庫
『**審判**』カフカ／原田義人訳　新潮文庫
『**罪と罰（上・中・下）**』ドストエフスキー／江川卓訳　岩波文庫

何をすすめるべきか迷いますが、私がすすめるより、皆さん自身がいろいろ読んでいいタイミングでいい本に出会ってほしいと思います。同じ本でもいつ読むかで印象が変わるので、文学作品は本当に出会いだと思います。ここに挙げた本はすべて奥行きがすごくて、何度読んでも新しい発見があります。

3

『**ロシア思想史**』ベルジャエフ／田口貞夫訳　ぺりかん社

古い本で絶版です。それでも私が重要だと思うロシアの思想家が書いたロシア思想史の本なので挙げておきます。

『**構造と力―記号論を超えて**』浅田彰
勁草書房

30年ほど前に流行した本ですが、いろいろなことを理解するのに今でも役立つ本だと思います。

『**反哲学入門**』木田元　新潮文庫

独自の観点から西欧哲学を捉えた本です。面白いし、分かりやすいと思います。

4

アンドレイ・タルコフスキー

「著者」を拡大解釈して「映像作家」を挙げさせてもらいました。他にも全作品を見てほしい映画監督は何人かいますが、ロシアが専門なのでロシアの映画監督を挙げました。作家や思想家だと全作品を読破するのは容易ではないですが、映画だと全作品の制覇は少し容易になると思います。それでも、一人の監督の全作品を通して見ると、「読破」という言葉の持つ意味がよくわかると思います。

藤原　潤子（ふじわらじゅんこ）

文化人類学・ロシア・フォークロア

1

『不実な美女か、貞淑な醜女《ブス》か』米原万里

新潮文庫

ロシア語通訳者による爆笑エッセー。言葉や異文化コミュニケーションについて考えさせてくれる。

『季刊民族学』国立民族学博物館監修

千里文化財団

豊富な写真と共に世界各地の文化を紹介する雑誌。人間文化の多様性に驚かされる。

『そして、ぼくは旅に出た。―はじまりの森ノースウッズ』大竹英洋　あすなろ書房

自然写真家として活躍する著者が、夢に向かってひたむきに走り続けた若き日の自分をつづったもの。勇気を出して、自分が本当にやりたいことに向かって進もう、という気持ちにさせてくれるはず。

2

『ロシアの民話（1～3巻、別巻）』

アファナーシエフ編、金本源之助訳

群像社

『妖怪たちの世界―ロシア妖怪譚』

渡辺節子編訳　ワークショップ80

『独裁者たちへ!!―ひと口レジスタンス459』

名越健郎編訳　講談社

いずれもロシア・フォークロア（民間口頭伝承）で、順に昔話、世間話、アネクドート（政治風刺の小話）と呼ばれるジャンルに属する。フォークロアからは当該民族の世界観や価値観をうかがい

知ることができるので、ぜひいろいろな国のものを読んでほしい。

3

『目からウロコの文化人類学入門―人間探検ガイドブック』 斗鬼正一

ミネルヴァ書房

身近な事例から、文化人類学とはどのような学問かが非常にわかりやすく語られている。

『極寒のシベリアに生きる―トナカイと氷と先住民』 高倉浩樹編 新泉社

シベリア研究の入門書。日本とは全く異なる環境に暮らす人々の今がわかる。

『ロシアフォークロアの世界』 伊東一郎編

群像社

昔話、英雄叙事詩、民謡ほか、さまざまなジャンルのロシア・フォークロアが概観できる。

4

スヴェトラーナ・アレクシエーヴィチ

アレクシエーヴィチはベラルーシのジャーナリスト。第二次大戦に従軍した女性兵士、チェルノブィリ原発事故の被害者、ソ連崩壊による急激な社会変化に苦しんだ人々など、歴史や政治に翻弄される小さな人々の声を世界に伝えている。一連の著作により、2015年にノーベル文学賞を受賞。

紺野 達也（こんのたつや）

人文・社会・中国文学

1

『中国詩歌原論―比較詩学の主題に即して』

松浦友久 大修館書店

中国古典詩の専門的な研究書ですが、詩歌あるいは文学の根底にある原理をどのように学問として解明しようとするのかという研究態度に感銘を覚えます。

『中国出版文化史―書物世界と知の風景』

井上進 名古屋大学出版会

「本」とは何でしょうか。「本」を書き、作り、売り、買い、読み、持つことにはどのような意味があるのでしょうか。そして社会とどのように関わるのでしょうか。印刷物や著作物の溢れる今、改めて考えさせられます。

2 **『吾輩は猫である』** 夏目漱石
新潮文庫ほか

おそらく手に取り、読破したことのある方も多いとは思います。しかし、読み返すたびに、あるいは漱石の他の作品を読むたびに、文学観や文明観といった漱石の思想はこの作品に集約されているような思いがします。

『濹東綺譚』 永井荷風　岩波文庫ほか

発表当時においても消え去ろうとしていた江戸、東京の情緒、そしてそれがあってこそ成り立っているのではないかと思われる男女の出会いと別れが心に残る名作です。

3 **『漢詩の流儀—その真髄を味わう』** 松原朗
大修館書店

漢詩には一定の作り方（同時に読み方でもある）があります。筆者はそれを「流儀」と呼び、テーマ、歳時、詩語に即して簡潔に紹介しています。

『中国詩跡事典—漢詩の歌枕』 植木久行編
研文出版

事典とありますが、中国の広大さと漢詩の悠久の歴史を味わえる一冊です。入学時のみならず、中国への旅や留学の前に是非読んでください。

4 **杜甫**

「国破れて山河在り」（春望）の一句があまりに有名な杜甫は自然を含む他者、そして自己を常に深く観察し、それらへの強い思いを詩にし続けました。**『杜甫全詩訳注』**（全4冊、講談社学術文庫）などが彼の詩の世界へのガイドになるはずです。最初は訓読と現代語訳で、中国語学習者はいずれ中国語でも読んで頂きたいと思います。

津守　陽《つもりあき》

近現代中国文学

1

『彼女の「正しい」名前とは何か―第三世界フェミニズムの思想』岡真理　青土社

『カニバリズム論』中野美代子　ちくま学芸文庫

『イメージを読む』若桑みどり　ちくま学芸文庫

研究ってこんなにスリリングだったのか、と思わせてくれる3冊を選んでみました。一冊目、他者の文化を語ることの功罪を、この上なく繊細かつ真摯に展開しています。二冊目、この著者に憧れて論文を書き始めました。全部おすすめですが、この一冊はグロテスクなものが苦手な方はちょっと要注意。三冊目、同じくおすすめの著者です。名画や名作の解釈がつねにアップデートされていく研究の面白さを伝えてくれます。

2

日本ファンタジーノベル大賞の初期受賞作、特に酒見賢一**『後宮小説』**と佐藤亜紀**『バルタザールの遍歴』**。

中国四大小説、特に**『水滸伝』**と**『紅楼夢』**。井波律子・井波陵一新訳で。

『高野聖』泉鏡花

文学が専門だと何をすすめていいかわかりませんが、新入生の頃大好きだったもの、なるべく耽溺させてくれるもの、という観点から挙げてみます。一つ目と二つ目は、文字通り寝食忘れる幸せな読書体験を提供してくれた記憶から。三つ目は研ぎ澄まされた文体に身を委ねると、何とも言えない興奮が味わえます。

3

『よいこの文化大革命』武田雅哉　廣済堂出版

『中国の五大小説（上・下）』井波律子　岩波新書

『中国ジェンダー史研究入門』小浜正子ほか編　京都大学学術出版会

一冊目、悲劇で語られがちな文化大革命を、かわいい図像と共にその時代の小学生になった気分で読ませてくれます。二冊目、これほど魅力的な語り口で中国古典の物語世界に引き込んでくれる著者はいません。三冊目、ジェンダーやフェミニズムへの関心が実に多彩な入り口を開くことを提示してくれます。

4 金庸

ある著者の作品の読破をすすめる、というのは実は結構暴力的だなと思っていて、人間同士の相性みたいなものですから、各自が相性の合う人を求めて彷徨っていくしかないように思うのですが…ともあれ、新入生のうちにハマっておきたかった（なぜなら時間のない頃になってからハマると大変だから）、と思う著者を挙げてみました。長いですが、一つ読み始めると本当に止まらなくなります。どれもこれも外れなし。最高傑作は**『天龍八部』**と**『笑傲江湖』**ですが、ちょっと筋が複雑なので、最初はロマンも萌えもラブも全部盛り込んだ、カタルシス満載の**『神鵰剣侠（原題は神鵰侠侶）』**あたりから。

下地 早智子（しもじさちこ）

中国語学・日本語と中国語の対照研究

1 『モモ』ミヒャエル・エンデ／大島かおり訳　岩波書店

一番好きな本。子供の頃から何度も読んでます。修業時代に過ごした東京に慣れる前と慣れた後での読後感がまた違いました。私の聖書かな。沖縄が恋しくて苦しいときに読む大切な本。

『セクシィ・ギャルの大研究』上野千鶴子
カッパブックス

大学時代に初版で読んで、信者になりました。若き私、何度読んだかしら。これを読んだらリップグロスが使えなくなる。あるいはあざとく使うか!? この本で記号論の凄さも知りました。さあ、あなたもこれを読んで「男」という権力にまつろわぬ「女子」の仲間入り（願わくばこの本が時代遅れだったら良いのですが）。

『漢文力』 加藤徹　中公文庫

中国的教養の実力と凄さが分かる本。これ読んで気合い入れて中国語やって下さい。六四（天安門事件）に「タンクマン」が出現した文化的背景が分かる。人生変わるぜ。

2 『大地』 パール・バック／小野寺健訳 岩波文庫

圧倒的です。現代日本で育った私たちが如何に温室育ちの甘ちゃんなのか。

『大地の子（全4巻）』 山崎豊子　文春文庫

中国人民の懐の深さが分かる小説。ドラマ化された時の上川隆也の中国語が話題になりましたが、私はあのドラマで朱旭を知り、私の中ではいまだに彼を超える名優がいません。優しい笑顔だけで圧倒的な存在感。あんな顔をする俳優の生まれる国。

『駱駝祥子―らくだのシアンツ』 老舎　岩波文庫

説教くさい魯迅より小洒落た老舎の方が好き。小説の面白さもさることながら、縁あってこれを教材に羅漾明師匠（NHKラジオ中国語講座初代発音教師）から3年にわたって、師匠のご自宅で発音の個人レッスンを受けた日々が忘れられません。深く温かい北京訛りで朗々と発する『シアンツ』の一節。美しい、豊かな時間でした。

3 『言語類型地理論』 橋本萬太郎 大修館書店

中国語学の射程の広さとダイナミズムが分かる本です。あまりのすごさ面白さに、こいつを応用すれば世界の言語もわかるはず、という気分になりました。

『「する」と「なる」の言語学―言語と文化のタイポロジーへの試論』 池上嘉彦　大修館書店

初めて夢中になって読んだ学術書。対照研究やってみたいと思わされた本。若き日の私は、「この本の題目が格好良い！」と思いました。

『悪魔のいない文学』 中野美代子　朝日選書

大学の卒論をまとめる時に中野美代子をまとめて読みました。長く読んでいないのですが、今久々に振り返ると、最近の研究にもちゃんと生かされていることに気づいて自分でもびっくり。研究というには、この方の発想はぶっ飛び自由すぎるところがあるのですが、やっぱり比べて気づくことの面白さにはゾクゾクします。この方の著書もどれも題目が catchy です。

4 **芥川龍之介**

人ってものが分かる気がします。突き放して、冷徹に、本質を突いており、それでも希望の手がかりを残すところが良い。

竹越　孝（たけこしたかし）

中国語学

1 **『深夜特急（全6巻）』** 沢木耕太郎　新潮文庫

言わずと知れた一人旅のバイブル。最初の香港・マカオ篇で感じたアジアの熱気は、今も私を捉えて離さない。

『モゴール族探検記』 梅棹忠夫　岩波新書

モンゴル帝国の末裔を求めてアフガニスタンを踏査した記録。モゴール語の写本を追いかける若き研究者達の姿に憧れた。

『道化の民俗学』 山口昌男　岩波現代文庫

受験勉強を終えて入った大学で、学問というのはこんなにも自由でいいんだ、と感じさせてくれた本。

2 『夜と霧の隅で』北杜夫

新潮文庫他

ユーモアに富む文章で知られる著者だが、この初期短編集は「岩尾根にて」を始めとして静謐な文体が心地良い。

『ロマネ・コンティ・一九三五年』開高健

文春文庫他

著者の濃密な描写は癖になる。特に「玉、砕ける」が絶品で、これほどまでに香港の姿をうまく切り取った作品を知らない。

『六の宮の姫君』北村薫　創元推理文庫他

「円紫さんと私」シリーズの文学ミステリー。これが著者の卒論をベースにしているというから驚く。

3 『説文入門』説文会編

大修館書店

史上最も緻密な古典学と言われる清朝考証学の精髄。「入門」に辿り着くまでの遥かな道のりに畏怖を感じてほしい。

『言語類型地理論』橋本萬太郎　弘文堂

横の地理的分布が縦の歴史的変化を反映するというアジア言語をめぐる壮大な仮説。私は学生時代からこの夢を追いかけ続けている。

『日本書紀の謎を解く―述作者は誰か』森博達

中公新書

音韻と文法の分析から、『日本書紀』を渡来中国人が著した部分と日本人が書き継いだ部分に分けた文献学のお手本。

4 入矢義高

この人ほど、「正確に読む」ことに徹底してこだわり執着した人を知らない。一般には中国禅の言葉に対する詳細な分析から「禅問答」の背後にある透徹した思考のやりとりを明らかにした研究者として知られる。かつて所属した研究班で課題となった「元曲」の読解にのめり込んで、日夜そのことだけを考え、新聞すら読まなくなったというエピソードは有名。私は一度顔を見たことがあるだけだが、入矢先生のように読みたい、読めるようになりたいと常に願っている。

橋本 貴子（はしもとたかこ）

中国音韻学・中国語音韻史

1 **『アドルフに告ぐ（全4巻）』** 手塚治虫 文春文庫

第二次大戦前後のドイツと神戸が舞台の漫画。歴史の描写にショックを受けたと同時に、神戸に興味を持つきっかけとなりました。

『天平の甍』 井上靖 新潮文庫

遣唐使で唐に渡った留学僧達を描いた小説。中国伝来の学問や文化は彼らのような人々の命がけの渡航によって日本にもたらされたものなのだと胸を打たれました。

3 **『唐代の人は漢詩をどう詠んだか―中国音韻学への誘い』** 大島正二 岩波オンデマンドブックス

昔の中国語の発音を復元する方法をQ＆A方式で紹介する、入門書的な本。

『日本書紀の謎を解く―述作者は誰か』 森博達 中公新書

入門書ではありませんが、この本を読んで中国音韻学という沼にハマってしまう人もいるとかいないとか…。

秦 兆雄（しんちょうゆう）

文化人類学

1 **『サムライニッポン―文と武の東洋史』** 石毛直道 中央公論新社

2 **『三国志』** 吉川英治 講談社ほか

3 **『タテ社会の人間関係―単一社会の理論』** 中根千枝 講談社現代新書

4 **林語堂**

中国文化と欧米文化を相対的に捉え、読者にユーモアを交えてわかりやすく語り、感動を与えている。

櫻井 次郎（さくらいじろう）

中国法・環境政策

1 **『ほんとうの中国の話をしよう』**

余華／飯塚容訳　河出文庫

著者はベストセラーとなった小説**『兄弟』**、チャン・イーモウ監督が映画化した**『活きる』**で知られる。小中学生時に文化大革命、29歳の時に北京で天安門事件を経験した。人民、格差、革命など10のキーワードをもとに、学校や職場などで感じ、考えたことが読みやすい文体で書かれている。字数も少なめであっという間に読めてしまう。中国を知りたい人におすすめ。単行本は絶版、文庫本有り。

2 **『台湾海峡一九四九』**

龍應台／天野健太郎訳　白水社

台湾のベストセラー作家による歴史ノンフィクション。幼少期に国共内戦の戦火の中、大陸から台湾へ連れられてきた著者が、当時の中国大陸や台湾などで起きたことを、そして自分のルーツを、戦争によって人生を狂わされた人々の視点から、徹底したインタビューと資料調査によって明らかにした渾身の一作。台湾ではベストセラー、中国大陸では発行禁止。圧倒的迫力、刺激あり過ぎかな。

3 **『はじめての中国法』**田中信行　有斐閣

『中国にとって法とは何か―統治の道具から市民の権利へ』高見澤磨、鈴木賢　岩波書店

『法とは何か』長谷部恭男　河出書房新社

（特に第2部以降）。

中国の環境問題については、**『中国環境汚染の政治経済学』**知足章宏　昭和堂

4 宮本憲一

サステイナブルな社会とはどのような社会か、どうしたらサステイナブルな発展が可能になるのか、環境問題に関する「日本の経験」とはどのようなものか、そういったことを考えている人たちに最も広く読まれ、影響を与えている著者の一人だと思うから。こういったことを大学生として考えて欲しいから。

個人的には、**『環境と開発』**岩波書店。**『日本社会の可能性―維持可能な社会へ』**

岩波書店

野村　竜仁（のむらりゅうじん）

スペイン文学・思想

1 『ドン・キホーテ』

セルバンテス

言わずと知れた世界的な名作です。翻訳としては会田由訳（ちくま文庫）、牛島信明訳（岩波文庫）、荻内勝之訳（新潮社）、岩根圀和訳（彩流社）、岡本一訳（水声社）などがあります。初読以来、折に触れてひもといたり、翻案も含めた豊穣な世界に親しんでいるうちに、心に残る作品になりました。多様な解釈を許容する物語なので読後の印象も様々でしょうが、何かを心に残してくれることは間違いないでしょう。

2 『ラサリーリョ・デ・トルメスの生涯』

作者不詳

いわゆるピカレスク小説の嚆矢とされ、『ドン・

キホーテ』と同じくスペイン文学を語る上で欠かすことのできない小説です。翻訳としては会田由訳（岩波文庫）、牛島信明訳（国書刊行会）、岡本一訳（水声社）などがあります。貧しい少年ラサロが様々な階層の人間に仕え、処世術を学んでゆく過程が自伝の形で語られます。ユーモアを交えた写実的な描写からは、当時の社会に対する風刺的な意図も垣間見えてきます。

3 **『ドン・キホーテの世紀─スペイン黄金時代を読む』** 清水憲男　岩波書店

日本におけるスペイン文学研究の泰斗の一人である清水先生が、スペインの黄金時代について解説した書です。**『ドン・キホーテ』**を生み出した当時のスペインを、文学だけでなく様々な角度から重層的に読み解いています。入門書としては少し手ごわいかもしれませんが、「太陽の沈まない」と形容された帝国の実情に迫ることのできる一冊だと思います。

4 ガブリエル・ガルシア＝マルケス

主要作品の読破ということでは、コロンビア出身のノーベル賞作家ガルシア＝マルケスがおすすめです。代表作である長編**『百年の孤独』**や**『コレラの時代の愛』**、**『予告された殺人の記録』**などの中編やその他の短編も含めて、いずれの作品も稀代のストーリー・テラーの魅力を堪能させてくれます。新潮社から「ガルシア＝マルケス全小説」というシリーズが刊行されており、小説以外でも自伝や講演録、ルポルタージュなどの訳書もあります。

穐原三佳《あきはらみか》

ラテンアメリカ文学

1

『ゴヤ　啓蒙の光の影で』ツヴェタン・トドロフ／小野潮訳　法政大学出版局

「黒い絵」や「戦争の惨禍」といったいわゆる「観賞用」ではない作品群がいかにして生み出されたのか。スペインを代表する画家フランシスコ・デ・ゴヤの軌跡を辿り、彼が生きた18世紀から19世紀にかけての時代精神と創作の関係を詳らかにした一冊です。同じ著者による、アメリカ征服史を扱った**『他者の記号学―アメリカ大陸の征服』**（及川馥他訳　法政大学出版局）もおすすめです。

2

『マヤ神話　ポポル・ヴフ』A・レシーノス原訳、林屋永吉訳　中央公論社

マヤのキチェ族に伝わる創世神話と英雄伝説を収めた書物です。「なぜ人間は不完全で過ちを犯すのか」という問いに対して、「トウモロコシ」で作られた人間たちの神話を通して、とてもユニークな理由づけがなされています。メキシコの壁画家ディエゴ・リベラによる味わい深い挿絵を楽しむこともできます。

3

『ラテンアメリカ怪談集』J・L・ボルヘス他／鼓直編　河出書房新社

ガルシア＝マルケスやホルヘ・ルイス・ボルヘス他、20世紀ラテンアメリカ文学を代表する作家たちによる15の短編小説が収められています。

『物語　ラテン・アメリカの歴史』増田義郎　中公新書

文学作品を読む前に、本書でラテンアメリカの大まかな歴史の流れを掴んでおくとよいでしょう。

4

ガブリエル・ガルシア＝マルケス

コロンビア生まれの作家で、「魔術的リアリズ

ム」の代表的な語り手です。**『百年の孤独』**や**『愛その他の悪霊について』**、**『予告された殺人の記録』**等の作品で語られる一見荒唐無稽なエピソードは、しばしば事実／史実と密接なつながりをもっています。コロンビアやラテンアメリカの歴史に興味が湧いたら、これらの作品とともに、ガルシア＝マルケスの自伝や記者時代の文章を読むことをおすすめします。

成田　瑞穂（なりたみずほ）

ラテンアメリカ文学

1 **『夜のみだらな鳥』**ホセ・ドノソ／鼓直訳
水声社

チリの作家ドノソの代表作。ある一族の年代記をベースに、人間の個の脆弱さと、その内に秘められた可能性を描き出す長編小説。一読しただけでは物語の展開もよく分からない作品であり、読み手の方が、その陰鬱な世界に引きずり込まれそうな恐怖を覚えることもあるが、読み進まずにはいられない語りが続く。

2 **『想像ラジオ』**いとうせいこう
河出文庫

『ペドロ・パラモ』ファン・ルルフォ／杉山晃、増田義郎訳　岩波文庫

この2冊はセットで読むと興味深いと思う。創作の背景も時代も異なるけれど、死者の声を扱っている点が共通している。比較することで死者の声をどのようにフィクションに取り込むか、という作者の姿勢の違いがよりよく理解できる。

3 **『アウラ―純な魂　他四篇』**カルロス・フエンテス／木村榮一訳
岩波文庫

『悪魔の涎―追い求める男　他八篇』
フリオ・コルタサル／木村榮一訳　岩波文庫

それぞれ、メキシコの作家フエンテスとアルゼンチンの作家コルタサルの小説世界が気軽に楽し

める、お得な短編集。

『翻訳夜話』村上春樹、柴田元幸　文春新書

文芸翻訳に興味がある人にとっては必読の書。対談形式で読みやすい。

4

塩野七生

ヨーロッパの歴史を、読みやすくドラマティックに描く作品を多く刊行している代表作**『ローマ人の物語』**は文庫で40巻以上あるので「物語が終わらない喜び」を堪能できる。

坪井　幸栄《つぼいゆきえ》

ラテンアメリカ文学

1

『泥流地帯』『続泥流地帯』三浦綾子
新潮社

北海道の開拓民として、貧しいながらも誠実に生きる家族の姿を描いた作品。一家は様々な苦難を乗り越えひたむきに生きるが、十勝岳噴火により、泥流に一切を流される。大学時代に読みましたが、試練に立ち向かい前へと進む兄弟の姿に心を打たれました。

2

『深夜特急（全3巻）』沢木耕太郎
新潮社（新潮文庫全6巻）

「インドのデリーからイギリスのロンドンまで、乗合バスで行く」ことを思いついた作者が、26歳の時に入社初日に退職して旅に出たという実話をもとにした作品。とにかく、外国に行きたくなること間違いなしの作品、外大生の皆さんに読んでもらいたいです。

3

『緑の家』マリオ・バルガス・リョサ／木村榮一訳　岩波書店

2010年ノーベル文学賞を受賞したペルーの作家による代表作。時間も場所も異なる複数の物語が並行して語られるという複雑な構成のため、読み始めは混乱するかもしれないが、読み進めるうちにいくつかの断片がつながり、最後にはパズ

ルが完成するように一つの物語にまとまる様は圧巻。

『黄色い雨』フリオ・リャマサーレス／
木村榮一訳　河出書房

過疎化が進み次第に崩壊してゆく村に残った老夫婦と一匹の犬。全編を圧倒的な孤独が満たすが、その情景は詩のように美しい。

Montserrat Sanz（M・サンズ）

言語学理論・生成文法

1 **『絹』**アレッサンドロ・バリッコ／
鈴木昭裕訳　白水社

『コレラの時代の愛』
ガブリエル・ガルシア＝マルケス／
木村榮一訳　新潮社

『ガリレオの娘―科学と信仰と愛についての父への手紙』デーヴァ・ソベル／田中勝彦訳
DHC

3 **『言語を生みだす本能（上・下）』**
スティーブン・ピンカー／椋田直子
NHKブックス

『思考する言語―「ことばの意味」から人間性に迫る（上・中・下）』スティーブン・ピンカー／
幾島幸子、桜内篤子訳　NHKブックス

川口　正通（かわぐちまさみち）

イスパニア語学・イスパニア語教育

3 **『スペイン語の贈り物』**福嶌教隆
現代書館

スペイン語について、その歴史や地域差、日本語との関わりなどなど、多様なテーマが、とても平易なことばで解説されており、単なる語学学習から一歩先へ踏み込むことができる。本学名誉教授である著者自身の手によるイラストも必見！

『マルチ言語宣言―なぜ英語以外の外国語を学ぶのか』 大木充、西山教行編
京都大学学術出版会

タイトルが示す通り、英語以外の外国語を学ぶ意義について、さまざまな言語の教員・専門家による論考が収録されている。イスパニア学科の学生だけでなく、外大生ならぜひ一度読んでほしい一冊！

『ことばと文化』 鈴木孝夫　岩波新書

ことばがいかに文化と結びついているかという点に焦点を当て、多くの具体例を挙げながら解説した名著！

生野　陽子（いくのようこ）

日西対照研究

1

『なにもない』 カルメン・ラフォレット／木村裕美訳　河出書房新社

著者が23歳という若さで書いた、内戦直後のスペインを印象派的に描いた傑作。夢や希望を抱いてやってくる主人公のアンドレアは厳しい現実の壁に何度もぶつかるが、そこで出会った人々と一緒に自分の知らない世界を発見していく。まるで写真のような、絵画のような、主人公が歩いた道を辿ってみたくなる作品。

2

『アンネの日記（増補新訂版）』 アンネ・フランク／深町眞理子訳
文藝春秋

13歳で書いたとは到底考えられない想像を絶する、悲惨な日々が続く中で一筋の希望の光と正義

との戦いを世の中に訴えた、勇敢な少女の日記。何度読んでも感動する一冊。

3 **『賢治オノマトペの謎を解く』** 田守育啓
大修館書店

想像力あふれる独自の表現を生み出した宮沢賢治のオノマトペの由来やそこに隠れた物語を探る一冊。日本文学の翻訳作業で最も難しいオノマトペの面白さを体験してみませんか。

4 **池田晶子**

池田晶子さんの**『14歳の君へ―どう考えどう生きるか』**がおすすめです。哲学の本は「難しい」「硬い文章が多い」とよく思われますが、この本は何歳の方でも読みやすいです。日常生活の中で起こる些細な問題から、抽象的なテーマまで分かりやすい言葉で解説されています。人生で一度は読んでほしいです。

福嶌　教隆（ふくしまのりたか）

イスパニア語学

1 **『ガリア戦記』** カエサル／近山金次訳
岩波文庫

『漢の武帝』 吉川幸次郎　岩波新書

戦争、外交、内政などにおける民族の駆け引きは、古代ヨーロッパにおいて、また古代中国において既に極めて巧妙精緻であったこと、それが壮大なスケールで行われていたことに、驚かさせる。若い諸君がこれからの国際社会を生きぬく上で、故《ふる》きを温《あたた》めるための書として推薦する。

2 **『博士の愛した数式』** 小川洋子
新潮文庫

読後、心が温かくなり、かつ数学アレルギーの人でも数学に愛着を持てるようになる不思議な仕掛けを施した物語。諸言語に翻訳されているので、入学後、専攻の言語の訳で再度、鑑賞してほしい。

3

『情熱でたどるスペイン史』 池上俊一
岩波ジュニア新書

『Spanish-English Bilingual Visual Dictionary』 Angeles Gavila 他編
Dorling Kindersley Book

一冊目は平明なスペインの歴史。標題に反して、通読後「情熱」はスペインを象徴するキーワードではない、と気づいてくれればうれしい。

二冊目は全巻カラー写真で構成された「見る」辞書。視覚からスペイン語の世界に親しもう。

4

ミゲル・デ・セルバンテス

卒業までにぜひ**『ドン・キホーテ』**をひもといてみよう。和訳でもいい、一部だけでも構わない。**『模範小説集』**は短編集なので気軽に読める。**『ペルシーレス』**は長編だがハラハラドキドキで一気に読める（主人公の異常な頑健さにはツッコミたくなるが）。

林　範彦（はやしのりひこ）

言語学・記述言語学・フィールド言語学・東南アジア地域言語学

1

『言語―ことばの研究序説』 エドワード・サピア／安藤貞雄訳
岩波文庫

アメリカ構造主義言語学を代表する言語学者サピアの手になる言語に関する入門書である。言語学を専攻する者以外にも理解できるように平易な表現を用いているところが特徴である。そのことが却って回りくどく見える部分も確かにある。しかし、「ことばとは何か」という根源的な問題から音や語・文のしくみ、ことばの変化、さらには言語と文学の問題まで非常に幅広いテーマをこれほどまでにコンパクトに扱った概説書は類を見ない。今となっては古く見える部分もあるが、それでも現代の言語研究に通ずる重要な示唆に富む一冊である。言語学が専門である者にとっても繰り返し読むべき古典の名著である。

3 **『危機言語──言語の消滅でわれわれは何を失うのか』**ニコラス・エヴァンズ／大西正幸、長田俊樹、森若葉訳　京都大学学術出版会

本学の長田俊樹客員教授も訳者に加わった一冊。著者のエヴァンズ氏はオーストラリアのカヤディルト語の研究者で、言語類型論の分野でも世界的に広く知られている。本書は現在地球上で進行している言語の消滅の問題に焦点を当てながら、世界の諸言語の多様性と言語学の幅広い分野に言及した、言語学におけるまさに「新しい古典」となりうる書物である。言語学の予備知識がなくても楽しめる。言語人類学やフィールド言語学の入門書としても読める好著である。

勝田　千絵（かつだちえ）

日本語教育

1 **『千の輝く太陽』**カーレド・ホッセイニ／土屋政雄訳　早川書房

アフガニスタンの二人の女性の過酷な人生をつづったものです。想像を絶する内容でもありますが、その中で懸命に生きる人々の強さが描かれており、また最後に一筋の希望を感じさせてくれる物語でもあります。

『ワイルド・スワン（上・下）』ユン・チアン／土屋京子訳　講談社

中国の激動の時代を生きた祖母、母、私（著者）の三代にわたる壮大な自伝的ノンフィクション作品です。中国について学ぶ上でぜひ手にとってほしい作品です。

2 『獣の奏者（1〜5）』上橋菜穂子　講談社

まっすぐな主人公の生き方とその探求心に感銘を受けるファンタジー作品です。また、人と獣の絆の物語でもあり、人間と他の生き物との関係や自然の在り方について考えさせられます。

『夏への扉』ロバート・A・ハインライン／福島正実訳　早川書房

1950年代に書かれた作品ですが、その当時未来を予測して書いたとは思えない、不思議な「新しさ」を感じさせるSF小説です。逆転劇の展開にハラハラしながら読めますし、読んだあとは爽やかな気持ちになれると思います。

3 『異文化理解入門』原沢伊都夫　研究社

日本語教育に携わる上で、異文化を理解し、受け入れることは不可欠なことです。本書では異文化コミュニケーションの知識をどう実践に生かせるかが考えられる内容になっています。全体的に易しく読みやすい文章ですし、また様々なアクティビティも各章に入っているので、楽しんで読めると思います。異文化理解について基本的なことをまず知りたい、という人におすすめです。

4 高田郁

ドラマにもなった**『みをつくし料理帖』**の著者です。彼女のどの作品でも江戸時代の風俗習慣がいきいきと詳細に描かれており、それぞれの登場人物の個性の描写も魅力的かつ細やかで、共感しながら読むことができます。また、時代小説になじみがない人にも読みやすい文章表現になっていると思います。『みをつくし料理帖』のシリーズが有名ですが、**『出世花』『銀二貫』**など、他の作品もおすすめです。

豊田　真規（とよたまき）
日本語教育

1 **『親業―子どもの考える力をのばす親子関係のつくり方』** トマス・ゴードン／近藤千恵訳　大和書房

高校3年生の時に読んだ本の改訂版です。人間関係の考え方が理にかなっていてわかりやすく、その後の人生で大変参考になりました。

『全世界史講義　II近世・近現代編』 出口治明　新潮社

高校までで学習した歴史の骨組みに理由や事情を肉付けしてくれる本です。

3 **『24週日本語文法ツアー』** 益岡隆志　くろしお出版

日本語文法の諸相について、24週でまわるツアー形式で解説を行う、日本語教育（国語教育ではなく）初心者向けの本です。

福田　嘉一郎（ふくだよしいちろう）
日本語学

1 **『六千人の命のビザ』** 杉原幸子　大正出版

ナチスの迫害から逃れてきたユダヤ人に、外務省の命令に背いて日本行きのビザを発給し、６０００人の命を救ったとされる当時のリトアニア領事、杉原千畝の記録。良心に従うことは勇気無くしてはできない。杉原夫妻は最も勇敢な日本人だった。

2 **『それから』** 夏目漱石　新潮文庫

主張やメッセージと、芸術性・ストーリー性とが高いレベルで調和している文豪の傑作。

『蟹工船』 小林多喜二

新潮文庫、岩波文庫、角川文庫

資本と権力の恐ろしさが余すところなく描かれている。若い人にはホラー小説に見えるかも。

『あん』 ドリアン助川　ポプラ文庫

「私たちはこの世を観るために、聞くために生まれてきた」ちょっと素人っぽい作品だがなかなか哲学的。

3 **『日本人の英語』** マーク・ピーターセン　岩波新書

英語と日本語による世界のとらえ方、描き方の違いを興味深く示し、言語の多様性の一端を知らせてくれる。**『続　日本人の英語』**もあり。

4 **三島由紀夫**

稀代の文章家。日本語による表現の可能性が追究されている。ただ、隅々まで力が入っていて、長編は読む方がヘトヘトになりかねない。

岩男　考哲（いわおたかのり）

日本語学

3 **『はじめての人の日本語文法』** 野田尚史　くろしお出版

おそらく皆さんが今まで抱いてきた「文法」というもののイメージが180度（とまでは言わなくてもそれに近いくらい）変わる本だと思います。そして、大学で勉強する「文法」って、この本に載っているようなものなんです。入学前に、大学で学ぶ「文法」とはどんなものなのか、この本で体験しておいてください。

中井 幸比古（なかいゆきひこ）
日本語学

2 『坊っちゃん』
夏目漱石

超有名小説ですが、当時の松山弁を知るために読んでみましょう。たとえば「イナゴは温い所が好きぢゃけれ、大方一人で［布団の中に］御這入りたのぢゃあろ」という会話文があります。ジャケー・ジャローは広島弁？ などとして聞いたことがある人も多いと思いますが、①ジャケレ・②ジャアロは聞いたことがありませんね。またイナゴに③オハイリタと敬語を使うのも変です。しかし、実はこのうち②ジャアロ・③オハイリタは江戸時代の関西弁でもごく普通でした。『坊っちゃん』が書かれてから百年ちょっとしか経っていませんが、その後の松山弁（むしろ日本語方言全般）には多くの変化が起こっています。こういった変化のプロセスを探るのは楽しいものです。今昔の関西弁については文学作品ではありませんが、**『関西弁事典』**真田信治編（ひつじ書房）がおすすめです。

3 『「あ」は「い」より大きい!?―音象徴で学ぶ音声学入門』
川原繁人　ひつじ書房

日本語の音声研究に興味を持ってもらえればと思ってこの本をあげました。章節の題名をいくつかあげておきましょう。「秋葉原のメイドさんの名前」、「萌え声とツン声を使い分ける声優さん」、「新種の蝶に名前を付けてみよう」、「『きゃりーぱみゅぱみゅ』と『浜田ばみゅばみゅ』」、「ブランドネームと音象徴」、「バベルの塔は崩壊していない？」。

どうですか？ 読んでみたくなりませんか？ この本を読み終えたら、次はオーソドックスな日本語学、日本語音声・音韻の入門書に取りかかりましょう。

馬渕　美帆《まぶちみほ》

日本美術史（日本・中近世絵画史）

1 **『はてしない物語』** ミヒャエル・エンデ／上田真而子、佐藤真理子訳　岩波書店

ファンタジーの金字塔です。初めて読む方は、絶対にハードカバー版で読んで下さい。

『八月の博物館』 瀬名秀明　角川書店

「ミュージアム」というものの輝きが詰まった小説。博物館・美術館を愛する方におすすめします。

『寄生獣』 岩明均　講談社

残酷な表現が苦手な方にはおすすめできないのが残念ですが、傑作漫画。人間について考えさせられます。

2 **『サウスバウンド』** 奥田英朗　講談社文庫

閉塞的日常を書かせたら右に出る者はいない著者による、そこから「飛び出す」物語。最高のカタルシスが得られます。

『城』 フランツ・カフカ／前田敬作訳　新潮文庫

手強い長編とされますが、主人公と共に、作中世界が意外と心地よくなってくればしめたものです。時間のある学生時代にぜひ。

『雨月物語』 上田秋成　岩波文庫他

古文だと身構えず読んでみて下さい。豊麗な日本語に導かれ、今の怪奇小説を愉しむようにすんなり読めると思います。江戸時代文学への入口に。

3 **『ダ・ヴィンチ・コード（上・中・下）』** ダン・ブラウン／越前敏弥訳　角川文庫

もちろんフィクションでありエンタメですが、ともかく面白いです。本物の美術作品を見てみるきっかけになれば。

『増補　日本美術を見る眼—東と西の出会い』 高階秀爾　岩波現代文庫

著者は西洋美術史研究の大家。比較文化論的視

点で、日本美術の特質が明らかにされます。美術の初心者も読みやすいと思います。

『日本美術の歴史』 辻惟雄　東京大学出版会

日本中・近世絵画史研究の大家による通史。著者の豊饒な知見が注ぎ込まれ、教科書の概念を遥かに超えた示唆に満ちています。

4 高野文子（漫画家）

寡作でもあり、若い方は知る機会が少ないと思いますが、この著者の世界に触れずにいるのは勿体ないです。現実の捉え方の鋭利さは、刺さる人にはぐさりと刺さるはずです。ポップな**『るきさん』**（ちくま文庫）も愛おしいですが、ぜひ他の作品も。

本書の趣旨からも、青年期の幸福な読書体験を描く**『黄色い本―ジャック・チボーという名の友人』**（講談社）はおすすめです。

いつまでも眺めていたい画面も素晴らしいです。最も絵が上手い漫画家の一人といえるでしょう。

西谷 修（にしたにおさむ）

哲学・フランス思想

1 『世界は分けてもわからない』福岡伸一

講談社現代新書

科学やテクノロジー、とりわけ生命科学を考える最良の書。

『聖書の起源』 山形孝夫　ちくま学芸文庫

「信」とは何か、それはいかに作られ伝えられてきたかを鮮やかに洗い出す。

『有罪者』 ジョルジュ・バタイユ／江澤健一郎訳　河出文庫

まったくわけの分からない、それゆえに思考を無理やり強引にマッサージするイタンの思想家の「世界戦争潜航日誌」。上記２冊は文句なく新入生向きだが、この本は頭をシゴかれるのを覚悟してほしい。

2

『わたしを離さないで』カズオ・イシグロ／土屋政雄訳　ハヤカワepi文庫

テクノロジーや政治的規定による条件にもかかわらず、人間は個々に生き死にするということ、生の見えない「結界」を描き出す。

『すばらしい新世界』オルダス・ハクスリー／大森望訳　ハヤカワepi文庫

科学や経済を呑み込む文学的想像力による「すばらしい」世界透視。

『額田女王』井上靖　新潮文庫

『太公望』宮城谷昌光　文春文庫

日本と中国の古代(文字もあるかないかの時代)への歴史的想像力の傑作。

3

『夜の鼓動にふれる』西谷修　ちくま学芸文庫

『戦争とは何だろうか』西谷修　ちくまプリマー新書

4

とくにありませんが、あえていえば**宮城谷昌光**。

現代の人間や社会についての考え方、科学も含めて知のあり方は、西洋近代につくられたものです。骨の髄までそれに浸った頭を、司馬遷の**『史記』**の世界あるいはそれ以前に思いを巡らし、古文献をふまえて小説的想像力で人びとの生を通して描き出したいくつもの物語で洗ってくれます。アルファベットも一神教も真理も科学も計算合理性もない世界、ただし信と権力と技術はあった世界です。

太田　悠介《おおたゆうすけ》

思想史・フランス思想

1

『エクソフォニー』多和田葉子　岩波現代文庫

日独二ヶ国語で執筆する作家のエッセー。外国語を学ぶ楽しみが母語とは異なる世界の捉え方に出会うことであると気づかせてくれる。

『辺境から眺める』テッサ・モーリス＝鈴木／大川正彦訳　みすず書房

先住民アイヌの視点から、日本の近代化がもたらした暴力的な過程を浮かび上がらせる歴史書。近代とは何か、国家とは何かを考えるときに。

『気流の鳴る音』真木悠介　ちくま学芸文庫

旅に出ると、人は時に自分とは異なる暮らし方を知り、目を開かれる。このみずみずしい感覚を出発点とし、水平な視線でさまざまな社会を捉える論理へと至る著作。

2

『一九八四年』ジョージ・オーウェル／高橋和久訳　ハヤカワepi文庫

『わたしを離さないで』カズオ・イシグロ／土屋政雄訳　ハヤカワepi文庫

『服従』ミシェル・ウエルベック／大塚桃訳　河出文庫

新入生にあえてディストピア小説をすすめたい。絶望するためにではなく、作家の想像力を手がかりに私たちが住む世界の現在を知るために。

一冊目はテレビ型スクリーンが張り巡らされた完全な管理社会で、物事を名指す言葉さえも消えてゆく世界。二冊目は普通の人間と臓器移植専用の体をもつ人間へと二分化された世界を描く。三冊目は極右政党とイスラム主義政党が対峙する2022年の近未来フランスの物語。

3

『現代思想の教科書』石田英敬　ちくま学芸文庫

『ヨーロッパ・コーリング』ブレイディみかこ　岩波書店

『移民の記憶』ヤミナ・ベンギギ／石川清子訳　水声社

思想関連で一冊、現代のフランスとヨーロッパに関する二冊を紹介したい。

一冊目は講義と対談を織り交ぜて、記号、権力、欲望、宗教、ナショナリズム、差異など現代思想のトピックを網羅したまさに教科書。二冊目はイギリス在住のライターが新聞からネットのコメント欄にまで目を凝らし、「地べた」から報告するヨーロッパ現代政治事情。三冊目はフランスの移民とその家族の姿をつぶさに追ったノンフィクション。しばしば指摘される移民社会フランスの危機を理解するための一冊。

後藤　博和（ごとうひろかず）

倫理学

1

『ボブ・ディラン全詩集　1962―2001』ボブ・ディラン／中川五郎訳

ソフトバンククリエイティブ

「本」ということなので『全詩集』をあげておくが、もちろん歌として聞いてもらいたい。山のように名曲はあるが、1曲に絞るなら「ライク・ア・ローリング・ストーン」。私は中学生のときにこの曲と出会い、それ以来、世間でいうマトモやフツーをすべて疑うようになった。2016年度のノーベル文学賞が彼に与えられたとき、レナード・コーエンが「エベレストの山頂にメダルを飾るようなもの」と評したが、言いえて妙。今の時代を生きるシェークスピアの言葉の魔術にぜひ接してもらいたい。

2

『暗夜行路』志賀直哉

岩波書店他

『カラマーゾフの兄弟』ドストエフスキー／亀山郁夫訳　光文社古典新訳文庫

『嵐が丘』エミリー・ブロンテ／鴻巣友季子訳

新潮文庫

数年前から、折りに触れ、若いころに読んで感動した文学作品を（海外のものなら新訳が出たのをきっかけに）読み直している。がっかりしたものも少なくないが、感動を新たに、というか以前とはまったく別の感動の仕方をしたものもある。そうした作品を三点あげる。

3

『メタ倫理学入門』佐藤岳詩著

勁草書房

倫理学は、メタ倫理学・規範倫理学・応用倫理学という三つの下位部門をもつが、メタ倫理学はこの中で最も哲学的で、最もややこしく、最もスリリングな問いを扱う。たとえば、Why be moral?（そもそも、なぜ道徳的であらねばならないのか？）これまでわが国では、規範倫理学や応用倫理学関係の入門書は多数刊行されていたのに対し、メタ倫理学の良い入門書がなかったのだが、ついに出た。倫理に関心があり、かつ「そもそも」好きの人、ぜひ手に取ってもらいたい。

4 宮沢賢治

幼少時の親による読み聞かせで、あるいは小学校〜高校の国語の時間に彼の童話に接したことのない人はまずいないだろう。しかし、たかが童話と侮っていないだろうか？　宮沢賢治の童話は、宮崎駿監督のアニメ作品と同じく、実はある程度、精神的に成長していないと、その真価はわからない。私は折りに触れ、童話だけでなく詩なども含めて宮沢賢治の作品を読み返し、そのたびに驚かされている。ボブ・ディランとはまた違う意味で彼は言語使用の天才だと思うし、彼が諸作品で提示するオルターナティブな世界観には深く魅惑される。

大石　高志（おおいしたかし）

アジア史・アフリカ史

1 『ネルソン・マンデラ―私自身との対話』

ネルソン・マンデラ／長田雅子訳
明石書店

『自由への長い道―ネルソン・マンデラ自伝』

ネルソン・マンデラ／東江一紀訳
日本放送出版協会

20年ほど前、南アフリカにインド人移民の実地調査に赴いていた時、ガンディー回顧展の開会式典に駆けつけたが、そこに突然、マンデラが登場。演説に圧倒された。彼自身の言葉や回想には、不正義に立ち向かう信念の源泉を感じることが出来る。

2

『真の独立への道―ヒンド・スワラージ』 M・K・ガーンディー／田中敏雄訳　岩波文庫

『三酔人経綸問答』 中江兆民／桑原武夫、島田虔次訳・校注　岩波文庫

いずれも、架空の複数の人物による問答や討論という設定のなかに、同時代の具体的な事象を盛り込み、「近代」という時代にアジアやアフリカが如何に自由と道徳を確保できるかを問うた思索の書。架空性を帯びた語りが、普遍的な広がりを演出している。思索は、現代における葛藤や摩擦にも深く通じている。

3

『南アジア史4―近代・現代(世界歴史大系)』 長崎暢子編　山川出版社

『現代インド1―多様性社会の挑戦』 田辺明生・杉原薫・脇村孝平編　東京大学出版会

『世界システムとネットワーク（現代南アジア6）』 秋田茂・水島司編　東京大学出版会

南西アジア地域と環インド洋地域の近現代史を専門としている研究者として、日本の研究者による充実した概説書をおすすめしたい。少しずつではあるが、私も分担執筆させていただいている。

4

『オリエンタリズム（上・下）』 平凡社ライブラリー

『イスラム報道（増補版）』 みすず書房

『文化と帝国主義1・2』 みすず書房　など

著者エドワード・W・サイード氏は、パレスチナに出自を有する文芸批評家・思想家。私が学部学生の時、『オリエンタリズム』の監訳者板垣雄三先生のゼミで、出版間もなかったテキストと対面して、ノックアウトされた。難解だが、無限の波及性を感じた。イスラームや帝国主義、民族問題の理解にとって屋台骨となっている。

光永　雅明《みつながまさあき》

イギリス社会史および社会思想史

1

『翻訳語成立事情』 柳父章

岩波新書

明治時代を中心に、欧米の言葉からいかに日本で「翻訳語」が成立したのかを論じた本です。「個人」「近代」はむろん、「社会」「恋愛」さえもこの時期に作られた―ないし新しい意味が加えられた―言葉だったとは…。言葉や思想を歴史の中で考えるひとつのきっかけとなった本です。

2

『一九八四年』 ジョージ・オーウェル／高橋和久訳　ハヤカワepi文庫

近未来の英国を舞台にしたディストピア小説。全面的な監視と暴力のもと、人々の言葉も思考も心も破壊しつくされてゆく。それだけに本書にないお未来へのかすかな希望を見出そうとする、小説家ピンチョンによる解説も胸を打ちます。オーウェルは評論・エッセイ集（岩波文庫・光文社古典新訳文庫）もおすすめ。

3

『イギリス近代史講義』 川北稔

講談社現代新書

イギリス史研究の第一人者による入門講義。平易な語り口で、都市化、世界システム、産業革命などを縦横に論じてゆきますが、その結果読者は、いつのまにか、歴史学とは何か、人間の進歩や経済成長とは何かといった根源的な問いも著者と考えてゆくことになります。

4

村上春樹

小説は無論ですが、小説以外の作品もおすすめです。米国滞在記**『やがて哀しき外国語』**、翻訳をめぐる**『翻訳夜話』**（柴田元幸氏と共著）、地下鉄サリン事件を扱う**『アンダーグラウンド』**等。「外国（語）と日本（語）」について多くを考えさせられます。

並河　葉子（なみかわようこ）

イギリス帝国史・女性史

2

『エマ』ジェイン・オースティン
ちくま文庫

『高慢と偏見』ジェイン・オースティン
中公文庫

『分別と多感』ジェイン・オースティン
ちくま文庫

基本的に、いずれも今から200年ばかり前のイギリスのミドルクラス女性の婚活話。文学的な価値はさておき、当時の少し裕福な家庭の女性たちの暮らしが良くわかる。登場人物の婚活事情や、それぞれが望む条件のあからさまな描写がコミカルですらある。基本的なテーマはどれも同じでごく普通の日常を小説に仕立てながら、どの作品も今でも読み手を退屈させないのは、今も昔も永遠のテーマである「恋愛」と「結婚」の関係について包み隠さず本音が語られているからであろう。

3

『砂糖の世界史』川北稔
岩波ジュニア新書

「砂糖」という、きわめて日常的なモノが世界史をどのように変えたのか、また、それが結果として現代社会の問題とどのように結びついているのかなどがクリアに記述されている。岩波ジュニア新書となっているが、本格的な歴史書であり、歴史の面白さを体感させてくれる本。

4

川端康成

日本語の叙述が美しい。また、物語のストーリーもさることながら、こまやかに描かれるモノや人間関係に戦前の日本の中産階級の暮らしが手に取るようにわかる。

繁沢 敦子（しげさわあつこ）

アメリカ現代史・メディア史・日米関係

1

『「甘え」の構造』土居健郎 弘文堂

『ナガサキ』スーザン・サザード／宇治川康江訳 みすず書房

『儚い光』アン・マイクルズ／黒原敏行訳 早川書房

2

『緋文字』ナサニエル・ホーソーン／小川高義訳 光文社古典新訳文庫

『来るべき種族』エドワード・ブルワー＝リットン／小澤正人訳 月曜社

3

『The Book of Daniel』E. L. Doctorow

『閉ざされた言語空間』江藤淳 文藝春秋

『敗北を抱きしめて（上・下）』ジョン・ダワー／三浦陽一、高杉忠明訳 岩波書店

4

『They Called Us Enemy』George Takei **ジョン・ダワー**

第二次世界大戦で日本人がどう戦い、負け、それからどう立ち上がり、今に至ったのか、それを紐解く作品を書かれています。日本人の考え方や今に至る日米関係の根幹の一端を知ることができます。

山本 昭宏（やまもとあきひろ）

歴史社会学・日本近現代文化史

1

『アメリカン・スクール』小島信夫 新潮文庫

短編ですのですぐに読めます。占領下の日本で、日本人の英語教師がどのような心的葛藤を抱えて

いたのか。小説で描かれているのは、極端な例かもしれませんが、これから語学を学ぶ皆さんには、一度読んでみてほしいです。

『啓蒙の弁証法』 ホルクハイマー、アドルノ／徳永恂訳　岩波書店

西欧近代をその内部から推し進めた「啓蒙」概念を問い直す――と書くと難解に聞こえるかもしれませんが、面白いのです。

オデュッセウスが、セイレーンの歌から船員を守るために蝋で耳栓をさせた（自分はセイレーンの歌を聴いた）という有名な話があります。その話を「啓蒙」と関連付けて読み解くあたり、目から鱗が落ちました。

2 **『万延元年のフットボール』** 大江健三郎

講談社文芸文庫

まさに「寝食を忘れて」読みました。個人的な問題と社会的な問題、双方に正面から向き合う文学作品です。特徴的な文体なので、読みづらいと思うかもしれませんが、読み進めると癖になるはずです。「美しい日本語」とか「上手な日本語」という固定観念を壊してくれると思います。物語性にも富んでおり、ミステリー仕立ての部分もあるので、楽しく読める…と思います。

3 **『社会学史』** 大澤真幸

講談社現代新書

社会学を知るには、学説の歴史を知るのが最適だと思います。学説を知るのにちょうどよい一冊が、これです。社会学の面白さを、丁寧にじっくりと論じてくれています。社会思想史に関心がある人にも、オススメです。

4 **手塚治虫**

あまりにも有名なので、いまさら「手塚？」と思われるかもしれません。

しかし、何を読んでも、誰が読んでも面白い作品をたくさん生み出した作者というのは、実は稀ではないでしょうか。

手塚の作品を読んでいると、「面白い」という

のはいったいどういうことなのか、考えさせられます。時代や言語を超える「面白さ」とは何なのか。この巨大な問いへの答えを、手塚は指さして教えてくれているように思います。

たとえば『BLACK JACK』のような高い水準の短編を毎週発表できたのは、考えれば考えるほどすさまじいことなのです。

Lori Zenuk-Nishide（ローリーゼネック西出）

国際関係・英語学

2 『少年キム』ラドヤード・キプリング／斎藤兆史訳　ちくま文庫

In this novel Kim there is intercultural interaction in the dialogue through the cultures' representatives in the novel. Kipling, in his novel shows the the positive interaction of the cultural identities which rather shows the importance of tolerance among cultures than clash. This novel is a great introduction for the Asian Indian subcontinent which has diversity and where many cultures blend together. It includes the cultural coexistence and tolerance among its people. To illustrate the point, Kipling shows that the human identity is central to bring together all human groups. Kipling assumes the idea that the diverse human groups and individuals does not have to have conflict. Kim is the dialogue of civilization. “Kim” is the story of an orphaned Irish boy who grows up in the streets of Lahore (now Pakistan, then India) who was educated at the expense of his father’s old Army regiment. He enters into “the Great Game”, the “cold war” of espionage and counter-espionage on the borders of India between Great Britain and

Russia in the late 19th century and meets many different people with different cultures, religions and traditions.

（この『キム』という小説には、それぞれの文化を代表する者同士の対話の中に、異文化間の相互作用が描かれています。キプリングは彼の小説の中で、文化的アイデンティティのプラスの相互作用を示し、多文化間で起こる衝突よりも寛容さの重要性を描いています。この小説は、多様性を持ち、多くの文化が混ざり合うアジア・インド亜大陸のすぐれた入門書となります。この小説は人々の文化的共存と寛容について書かれています。この点を説明するため、キプリングは、人間のアイデンティティがすべての人間集団をまとめる中心であることを示しています。彼は、多様な人間の集団や個人は対立する必要がない、と考えています。キムは文明の対話なのです。『キム』は、ラホール（現在のパキスタン、当時インド）の路上で育ち、父が属していた陸軍連隊の費用で教育を受けた、アイルランド人の孤児の少年の物語です。キムは19世紀後半のインド国境における英露間のスパイ・反スパイの「冷戦」である「グレートゲーム」に巻き込まれ、さまざまな文化、宗教、伝統を持つ多くの人々と出会います。）

4 ラドヤード・キプリング

Rudyard Kipling is one of the best-known of the late Victorian poets and story-tellers. Although he was awarded the Nobel Prize for literature in 1907.

Rudyard Kipling spent his early years in India and later the UK and the USA. In 1901, Kipling published “Kim” which what many believe is his best novel. I recommend this book because you are starting university and now have many opportunities to interact with people of diverse cultures.

（ラドヤード・キプリングはビクトリア朝時代

後期〈1870年代から1901年〉の最も有名な詩人・作家の一人です。ノーベル文学賞を受賞したのは1907年のことでしたが。
　幼少期をインドで、後にイギリスとアメリカで過ごした彼は、1901年、多くの人が彼の最高傑作と考える小説『キム』を出版しました。大学生活を始めたばかりで、さまざまな文化を持つ人々と接する機会が多いみなさんに、この本をすすめます。）

Michael Hollenback （M・ホリンバック）

国際関係

1 **『学校では教えてくれない本当のアメリカの歴史』** ハワード・ジン／鳥見真生訳
あすなろ書房

　Very important book that I read in high school which helped me to understand that the humanities and other social sciences are politically oriented and project an ideology about the world.
（人文科学やその他の社会科学は政治に影響されるものであり、また「世界のあり方」というイデオロギーを反映するものである、ということを高校時代に学んだ、とても大切な本です。）

『夜と霧―ドイツ強制収容所の体験記録』
ヴィクトール・E・フランクル／霜山徳爾訳
みすず書房

　I read this book in high school which had a huge impact on my(me?) about how horrible things can happen to people as a result of policies created by government.
（高校時代に読み、政府の方針が人々にいかに恐ろしい結果をもたらしうるかということに、大きな衝撃をうけました。）

3 **『オリエンタリズム（上・下）』**
エドワード・W・サイード／今沢紀子訳

平凡社

An important book which explores the ways in which the ideas of the "western" and "eastern" world are formed and affect our perceptions and policies.

（「西洋」と「東洋」という観念がいかに形成され、私達の認識や行動に影響を与えているかを探る重要な本です。）

『想像の共同体―ナショナリズムの起源と流行』

ベネディクト・アンダーソン／白石隆、白石さや訳　書籍工房早山

Although the idea of the "nation" seems to be fundamental and permanent, this book explores how nations and national identity were recently created.

（「国家」という観念は、不可欠で永続的であるように見えますが、この本は、国家や国民的アイデンティティといったものが、いかに最近に創られたものなのかを探っています。）

『ショック・ドクトリン―惨事便乗型資本主義の正体を暴く（上・下）』 ナオミ・クライン／幾島幸子、村上由見子訳　岩波書店

An alternative view of how political revolution and economic development after World War II have been used for profit by the west.

（第二次世界大戦後の政治革命と経済発展が、いかに西側諸国の利益のために使われてきたかについて、新しい見方を示しています。）

4 ノーム・チョムスキー

Noam Chomsky is one of the best political minds that constantly looks at the actions of nations through a moral lens that shows how people are directly affected by the actions of the nation.

（ノーム・チョムスキーは、政治に関する識者の中でも特筆すべき一人です。常にモラルという

レンズを通して国家の行動を注視し、国家の動きがいかに直接的に人々に影響を与えるかを提示しています。）

藤井　隆雄《ふじいたかお》

統計学・経済学のための情報処理

1

『もしも月がなかったら―ありえたかもしれない地球への10の旅』

ニール・F・カミンズ　竹内均監修／増田まもる訳　東京書籍

宇宙のことに興味のない人でも楽しく読むことができ、外大生にとって関心の薄いであろう物理学を勉強しようと思わせてくれる1冊になるかもしれません。

『戦国名将に学ぶ勝ち残りの戦略―状況を読みいかに闘うか』風巻絃一　日本文芸社

この本は古書となっていますが、同一著者の作品は多数あります。戦国武将の生き方を学ぶことは今後の人生のためにきっと役立ちます。

2

『論語』齋藤孝訳　ちくま文庫

『孫子』金谷治訳注　岩波文庫

『徒然草』島内裕子訳　ちくま文庫

人生訓を学ぶためにも古典は必読です。古典を読む際には最初の段階では解説本を読んでもよいですが、やはり最終的には原典に触れる必要があると思います。これらの本以外にも様々な古典がありますが、是非、多くのものに触れていただきたいと考えます。

3

『統計学が最強の学問である』西内啓　ダイヤモンド社

『「原因と結果」の経済学』中室牧子、津川友介　ダイヤモンド社

『データ分析の力　因果関係に迫る思考法』伊藤公一朗　光文社新書

データ分析のやり方（統計学計量経済学）を勉

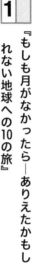

強する前にこれらの本を読んでおくことは有益であると考えます。理由は、なぜデータ分析が必要なのかが初学者にもわかるように丁寧に書かれているためです。また、データ分析に興味がなかった人でも上記を読めば、勉強してみたいと思うはずです。

4 佐藤優

著者の本を読めば、SNS等で時間を浪費している場合でないことがわかります。また、読書習慣がある人にとっても**『読書の技法』**を読めば、得るものは大きいと確信します。

中村 嘉孝（なかむらよしたか）

貿易商務論

1 『昔、言葉は思想であった―語源から見た現代』 西部邁　時事通信社

源流に遡り考察する手法は、学問の入門として最適（かも）。

『「自虐史観」の病理』 藤岡信勝　文春文庫

自国・自分に誇りを持てる契機となる。

『日本史から見た日本人・昭和編』 渡部昇一　祥伝社新書

近現代史の知識を、確かな資料を基に虹のように俯瞰的に学べる。

3 『現代貿易売買』 新堀聰　同文舘

契約、インコタームズ、海上保険、運送、決済、為替、国際紛争など貿易取引の各分野を深く簡潔

に説明されている。

『国際商取引における契約不履行』 中村嘉孝
同文舘出版

一家に一冊（となってほしい）。

4 **渡部昇一**

知の巨人。

高山正之

現実の国際政治外交を、楽しく学ぶ。

田中 悟《たなかさとる》
産業組織論（経済学）

1 **『経済発展の理論（上・下）』**

J・A・シュンペーター／塩野谷祐一、中山伊知郎、東畑精一訳　岩波文庫

『資本主義・社会主義・民主主義』

J・A・シュンペーター／中山伊知郎、東畑精一訳　東洋経済新報社

私が現在の研究テーマに取り組む契機となった2冊の書物。ともに経済学の古典と位置付けられる大著で読破には忍耐が必要ですが、AI（人工知能）等のイノベーションが急激に進行する現代社会を考えたい学生におすすめです。

2 **『ユリシーズ（I〜IV）』**

ジェイムズ・ジョイス／丸谷才一、永川玲二、高松雄一訳　集英社文庫ヘリテージ

ダブリンでの一日の出来事を18の挿話で描いた長編小説。ジョイスの構想力と教養に圧倒されます。

『豊饒の海（第1〜4巻）』 三島由紀夫
新潮文庫

輪廻転生を非常に美しい日本語で描ききった天才作家の遺作。

『輝く日の宮』 丸谷才一　講談社文庫

『源氏物語』の幻の一帖を追う物語。章ごとに変化するスタイルはジョイスを彷彿とさせる。

3

『マンキュー経済学Ⅰ（ミクロ編）、Ⅱ（マクロ編）』 グレゴリー・マンキュー／足立英之ほか訳　東洋経済新報社

『良き社会のための経済学』

ジャン・ティロール／村井章子訳

日本経済新聞出版社

経済学は基礎が重要なので、敢えて1冊目に評価の高いテキストを挙げました。2冊目はノーベル経済学賞受賞者である著者が、現代の経済問題を縦横に論じたもので含蓄に富んでいます。

4

J・A・シュンペーター

20世紀を代表する経済学者の多数の書物は、いずれも経済学を超えた社会現象一般をも射程に収める。著者が描く社会像は緻密かつ壮大で、その構想力に圧倒される。著者の死後に夫人が編集した**『経済分析の歴史』**は圧巻。

杉山　精一《すぎやませいいち》

教育学

1

『青春を山に賭けて』 植村直己

文春文庫

植村さんは閉じ込められた雪洞で、孤独に耐え過去の冒険を振り返ります。「それは、カラー映画のようでさえあった。私にとって、過去のできごとは、まったく心の宝であった。」絶望的な状況に置かれたときでさえ、「心の宝」といえる何かを自分は持てるだろうか。そんな人生を送ることができるだろうか。自分の生き方への問いを抱かせてくれた一冊です。

『旅をする木』 星野道夫　文春文庫

アラスカの自然と動物たちを撮り続けた写真家、星野道夫さん。「私たちが生きていくということは、誰を犠牲にして自分自身が生きのびるのかという、

終わりのない日々の選択である。生命体の本質とは、他者を殺して食べることにあるからだ。」他者の命を奪い、その血を自分に取り込むことで、私たちは自然とつながり生きています。その営みの本質を忘れたとき、私たちは何かを失っていくような気がします。命の本質とは何かを考えさせてくれる珠玉の一冊です。

『俺様の宝石さ』 浮谷東次郎　ちくま文庫

個性って何だろう。成長するって何なのか。なぜ自分は大学に行くのだろう。悶々と過ごしていた19歳の私に鮮烈な印象を与えた一冊。アメリカを放浪する中で、20歳の彼は、こんな言葉を家族に書き送っています。

「Wherever the man may be, he'd have spring to take, it's up to him.」（どこにいようと、自分でつかめる春がある。春はすぐそばにあるのだ）ニューヨークだろうが、東京だろうが。」1960年代、黎明期のモータースポーツ界を駆け抜け、23歳で散った伝説のレーサー浮谷東次郎。そのアメリカ放浪時代の日記・書簡集。

2

『城塞（上・下）』 クローニン／竹内道之助訳　三笠書房

『されどわれらが日々――』 柴田翔　文春文庫

『悲の器』 高橋和巳　新潮文庫

3

『一つの教師論』 斎藤喜博　国土社

教育を学ぶ者にとって、避けて通ることのできない人物。戦後日本の教育実践（とくに授業）において、大きな影響を与えました。

『授業　人間について（現代教育101選）』 林竹二　国土社

「学んだことの証は、ただ一つで、何かが変わることである」（『学ぶということ』国土社）ソクラテスの研究者でありながら日本の教育を憂え、1970年代日本各地の学校で授業巡礼を行った。学ぶことの本質に触れる一冊。

『災害と厄災の記憶を伝える―教育学は何ができるか』 山名淳、矢野智司　勁草書房伝えるべき記憶を、私たちは後世にどのように残すことができるのでしょうか。これまで教育学者が向き合ってこなかった「課題」に、正面から向き合った衝撃の一冊。

『追いついた近代消えた近代―戦後日本の自己像と教育』苅谷剛彦　岩波書店

大学入試改革を含め、教育改革をめぐる様々な問題の根っこはどこにあるのか。その本質をえぐりだした一冊。

竹谷　和之（たけたにかずゆき）

スポーツ文化論

1

『近代スポーツのミッションは終わったか―身体・メディア・世界』

稲垣正浩、今福龍太、西谷修　平凡社

スポーツを文化として捉え、その触手を文化人類学や現代思想にまで広げる語りが斬新であり、勝敗のみのスポーツ文化を超克する。

『西洋が西洋について見ないでいること―法・言語・イメージ』ピエール・ルジャンドル／森元庸介訳／西谷修解題　以文社

西洋の成り立ちから世界化へ至る過程を「ことばを話す生き物＝人間の生きる論理」とする内容。グローバル化を問い直す好著。

『世界史の臨界』西谷修　岩波書店

目からウロコの本。これまでの世界史を再考させる好著。

3

『ジャック・マイヨールの遺産』

竹谷和之編著　叢文社

がんばらないスポーツで世界新記録達成（フリーダイビングのゾーン）の身体技法をわかりやすく解説。

『現代スポーツ批評―スポーツの「あたりまえ」を問い直す（スポーツ学選書番外編）』

松浪稔、井上邦子他　叢文社

先入観で形成されたスポーツを打ち砕く好著。

金沢　晃（かなざわあきら）

臨床心理学

2 『こころ』夏目漱石

新潮文庫ほか

いまさら推薦するまでもない、傑出した文学作品です。人を好きになること、憎むこと、妬ましさや羨ましさという「人間の弱さ」が、いかに人生や日常生活に影響を与えているかということを教えてくれる文学作品だと思います。

『畏怖する人間』柄谷行人　講談社文芸文庫

文学作品ではありませんが、夏目漱石や芥川龍之介らの作品について、柄谷行人が自身の解釈を行っています。漱石や芥川の作品を読んだ後に、この柄谷の解説を読むことで、彼らの作品がより一層楽しめます。面白そうな文学作品を探す場合にも役に立つと思います。

3 『無意識の構造』河合隼雄

中公新書

一般向けに書かれた深層心理学の入門書で、心理学に興味のある人におすすめします。著書の河合隼雄氏は、スイスのユング研究所で分析心理学の訓練を受け、日本では臨床心理士制度の確立に尽力した人物で、一般向けに多くの深層心理学に関する本を出版しています。人間の精神生活、無意識が、いかに日常の生活に影響を与えているか、をわかりやすく教えてくれる書籍です。

『フロイト』小此木啓吾　講談社学術文庫

私が専門とする精神分析の創始者であるフロイトの業績をまとめた、精神分析の入門書です。著者の小此木啓吾は、フロイトから直接学んだ古澤平作に指導を受け、日本における精神分析学を確立した第一人者です。フロイトが発見した無意識やエディプスコンプレックスなどの鍵概念を、一般向けにわかりやすく解説した著書です。

田村　美恵（たむらみえ）

社会心理学

1

『1984年』ジョージ・オーウェル／新庄哲夫訳（**『一九八四年』**高橋和久訳）

ハヤカワ文庫

四方八方に設置されるテレスクリーン、思想警察、真理省―。独裁的な政治権力の下での非情な監視社会を描いた作品。まるで予言書のよう!?今こそ読みたい不朽の名作。ラストが強烈です。

『ブラックボックス』篠田節子　朝日文庫

「簡単・便利・きれい」を求める心は何を生むのか―。「安全安心」のはずの「食」に隠された闇を描くサスペンス。唸らされる一冊。

2

『不道徳教育講座』三島由紀夫

角川文庫

まず、タイトルがしゃれている。三島流の「おふざけ」のなかにも、人間心理に対する鋭い洞察が光ります。文豪による教育講座はさすがに面白い。

『教場』長岡弘樹　小学館文庫

警察学校が舞台なので、一般的には、警察小説に分類されるようだが、個人的には、心理学小説として楽しめると思う。あっという間に読めます。

3

『セレクション社会心理学（シリーズ）』

サイエンス社

1巻につき一つのテーマで書かれ、今までに30巻以上が刊行。社会心理学の裾野の広さと奥深さを実感できるシリーズ。魅力的な一冊に必ず出会えると思います。

『タテ社会の人間関係―単一社会の理論』

中根千枝　講談社現代新書

「名前だけは知っている」という方も多いかも。古典ではあるが、一度は読んでおきたい日本人論・日本社会論。あちこちに出てくるインド人社会との対比が面白い。

4 帚木蓬生

著者は精神科医。重厚な描写、緻密なプロット、サスペンスタッチの展開が魅力です。**『臓器農場』『閉鎖病棟』**といった医療サスペンスも良いですが、個人的には、海外を舞台にした、歴史小説・サスペンス・冒険小説の各要素をあわせ持つ作品――**『ヒトラーの防具』**や**『聖灰の暗号』**などがおすすめです。

福江 翼《ふくえつばさ》

天文学・宇宙物理学・アストロバイオロジー

1 **『望遠鏡―宇宙の観測（岩波講座 物理の世界）』** 海部宣男 岩波書店

日本の著名な天文学者が望遠鏡の仕組みを解説している良書です。著者は巨大望遠鏡として有名なすばる望遠鏡の建設にも関わっており、その解説は興味深い内容になっています。

『物理学とは何だろうか（上・下）』 朝永振一郎 岩波書店

ノーベル物理学賞を受賞した日本の物理学者による良書です。難解に感じる部分があっても気にせずに読み進めるのが良いでしょう。

2 **『理科系の作文技術』** 木下是雄 中公新書

『日本語の作文技術』 本多勝一 朝日新聞出版

大学生になると文章を読むだけでなく文章を作成する機会も多いかと思います。作文に関する本は、なるべく早い段階で何冊か読んでおくと文章作成の参考になるかと思います。

3 **『生命は、宇宙のどこで生まれたのか』** 福江翼 祥伝社新書

アストロバイオロジーに関する新書判の拙著です。生命の起源の問題や、惑星の誕生など、関連する幅広い話題に関して一般向けにまとめています。

『高校数学公式活用事典』 岩瀬重雄　旺文社

コンパクトな製本でポイントが簡潔にまとめられている良書です。左ページに公式、右ページに例題などが載せられています。公式集としてパッとみやすいのも便利です。

4 『天文宇宙検定公式テキスト（2級　銀河博士）2019―2020年版』

天文宇宙検定委員会編　恒星社厚生閣

『天文宇宙検定公式テキスト（3級　星空博士）2019―2020年版』 天文宇宙検定委員会編

恒星社厚生閣

天文学の幅広い内容を自分で読んでいくのに適しているシリーズかと思います。カラー図も多く読みやすいです。両サイドの脚注も多く参考になります。級に分かれて構成されているので順番に読んでいく方がよさそうです。

芝　勝徳（しばまさのり）

図書館情報学

1 『虚数の情緒―中学生からの全方位独学法』

吉田武　東海大学出版会

数学を受験科目として選択しなかった方、あるいは入学前にできるだけ数学を避けてきた新入生にすすめたい。この本はタイトルにある全方位に独学できるよう書かれている。「数を聴く、音を数える」というような音程の構造を議論したあの「ピタゴラス」の仕事、三角関数から量子力学まで文学部卒のノーベル物理学賞受賞者の存在など読み物としてどこからでも読める大学受験までの数学とは違ったアプローチができる本です。

長谷川　雄彦《はせがわたけひこ》

図書館情報学

3

『生きるための図書館──一人ひとりのために』竹内哲　岩波書店

60年以上も図書館に関わってきた著者が図書館という組織とそこでどのような仕事がされているのかを「図書館愛」に満ちた言葉で綴っています。

『ぼくは、図書館がすき　漆原宏写真集』

漆原宏　日本図書館協会

利用者やサービス、働く人たちと図書館の様々な風景が写されています。そんなところへ行ってみたいとか、仕事をしてみたいと思ってもらえたら。

松永　憲明《まつながのりあき》

図書館情報学

1

『中央アジア自動車横断／西域探検紀行全集（第13巻）』ル・フェーヴル／野沢協ほか訳　白水社

『敦煌』井上靖　講談社

『さまよえる湖／ヘディン中央アジア探検紀行全集（第10）』ヘディン／関楠生訳　白水社

高校生の時に映画『陽は沈み　陽は昇る』を観て、シルクロードへの興味が沸き、大学生になって読んだ本の一部である。夢中になって読んだ当時はシルクロードを車で走破する夢も見たが、残念ながら今の政情では叶わない。

2

『小説十八史略（1－6）』陳舜臣　毎日新聞社

中国の長い長い歴史の物語で、たくさんの登場人物やその関係を覚えきれずに手帳にメモをしながら読んだ。印象に残る単語は「憤死」!!

『薔薇の名前（上・下）』 ウンベルト・エーコ／河島英昭訳　東京創元社

中世の修道院で起こる殺人事件であるが、司書という私の仕事にも通じるものもあった。また、エーコは『記号論』の著者でもある。

3

『未来をつくる図書館―ニューヨークからの報告』 菅谷明子　岩波新書

映画『ニューヨーク公共図書館』が話題となったが、15年以上前に書かれたこの本は、そのシナリオのようなもの。映画を見たならぜひ読んでほしい。

『ある図書館相談係の日記―都立中央図書館相談係の記録』 大串夏身　日外アソシエーツ

一冊目の映画ワンシーンにレファレンスの電話対応があるが、この本は東京都立図書館のこと。読み物としても面白い。（2019年、**『レファレンスと図書館―ある図書館司書の日記』** として復刊された。）

『つながる図書館―コミュニティの核をめざす試み』 猪谷千香　筑摩書房

住民の課題解決支援などは自館が持つ資料やノウハウだけでは困難で、他の図書館との連携が大事。図書館のつながりも人間関係が基本なので、「人が嫌い」では司書は務まらない。

4

浅田次郎

直木賞のほか、柴田錬三郎賞や吉川英治文学賞なども受賞した人気作家で、幅広い領域の作品がある。映画やテレビドラマになることが多いことからもストーリー性やエンタメ度の高さが分かる。

平尾　隆弘（ひらおたかひろ）

出版と編集

1　『夜と霧―ドイツ強制収容所の体験記録』

ヴィクトール・E・フランクル／霜山徳爾訳　みすず書房

名著中の名著。強制収容所で囚人たちが、燃えるような夕陽を見ながら「世界ってどうしてこう綺麗なんだろう」と尋ねます。高校時代、これを読んで感動しました。池田香代子訳と霜山徳爾訳の二つが刊行、販売されていますが、私は霜山訳をすすめます。

『戦艦大和ノ最期』 吉田満　講談社文芸文庫

「美しすぎる」「陸軍の戦争はあんなものではない」等々、批判があるのを承知しつつ、やはりあの戦争が生んだ最高の叙事詩だと思います。

『サピエンス全史』 ユヴァル・ノア・ハラリ／柴田裕之訳　河出書房新社

人類はどこから来てどこへ行くのか？　次作**『ホモ・デウス』**と並んで、面白くてためになる、現代の必読書です。

2　『こころ』 夏目漱石

岩波文庫、新潮文庫、他

10代から10年おきくらいに読み返しています。読むたびに新しい発見があり、以前の自分と対話しているような気にもなります。

『白痴』 ドストエフスキー／亀山郁夫訳　光文社古典新訳文庫

私は『白痴』がいちばん好きですが、大学時代**『罪と罰』『カラマーゾフの兄弟』『悪霊』『地下室の手記』**などにぜひ挑戦してほしい。

『コンビニ人間』 村田紗耶香　文春文庫

学生諸君にも身近なコンビニ。主人公・古倉恵子をどう思いますか。漱石も太宰も、このヒロインを理解できないでしょう。近代はここまで来た！

私に「専門分野」はないので、小説以外の面白い本を。

3 **『それでも、日本人は「戦争」を選んだ』**

加藤陽子　新潮文庫

現在の大学生、とりわけ外大生に欠けているのが近現代史の常識です。本書は、高校生に向けた講義スタイルなので、読みやすいし面白い。基本的な知識が身につきます。半藤一利**『昭和史』『昭和史　戦後篇』**(平凡社ライブラリー)も、講談のような語り口で昭和という時代が生き生きと描かれています。

『私とは何か』平野啓一郎　講談社現代新書

1人だけの「本当の私」というものはない。「分人」というあり方が「私」を構成している…SNSに時間を割いている人、就活で「あなたの長所と短所は？」と訊かれて戸惑う人。この本を読めば気が楽になります。

『深夜特急（全6巻）』沢木耕太郎　新潮文庫

読み出したら止まらない「ひとり旅」のバイブル。スマホの対極にある世界を味わってください。

4 **宮沢賢治**

高村光太郎は宮沢賢治を「内にコスモス（宇宙）を持つ詩人」だと言いました。ちくま文庫の全集（全10巻）は、いまも版を重ねています。賢治の詩も童話も決して古くならない、ますます多くの示唆を与えてくれるでしょう。

や行

ら行

わ行

A～W

ま行

な行

は行

た行

さ行

か行

著者・編者・訳者等索引

あ行

わ行

A〜T

ま行

や行

ら行

な行

は行

た行

さ行

書名索引

書名索引

著者・編者・訳者等索引

神戸外大《こうべがいだい》教師《きょうし》が新入生《しんにゅうせい》にすすめる本《ほん》

2020年5月30日　第1刷発行

編　者　神戸市《こうべし》外国語大学《がいこくごだいがく》
発行者　吉村一男
発行所　神戸新聞総合出版センター
〒650-0044 神戸市中央区東川崎町1-5-7
TEL 078-362-7140　FAX 078-361-7552
https://kobe-yomitai.jp/
デザイン　坂田政則
印　刷　株式会社　神戸新聞総合印刷

ISBN-978-4-343-01078-0 C0000

神戸新聞総合出版センターがすすめる本

※定価はいずれも税別です。

神戸と洋食

江弘毅・著／定価1600円（税別）

神戸の洋食は、なぜ「うまい」のか。

雑誌『Meets Regional』を立ち上げた名物編集者で、『いっとかなあかん神戸』の江弘毅が、その謎に迫る！

神戸と映画　映画館と観客の記憶

板倉史明・編著／定価1850円（税別）

エジソンのキネトスコープが明治29年に日本初上陸した街、神戸。日本の映画史に多くの足跡を残す神戸と映画の関わりを、多様なテーマから明らかに。映画館で見た映画、映画館があった街並み、それぞれの記憶もよみがえる。1950年代の神戸映画館マップ収録。

神戸残影

久元喜造・著／定価1200円（税別）

市電が走っていた頃、新開地の喧噪、お好み焼き屋、里山の風景、災禍からの復興…。少年時代を過ごした街の忘れがたい「記憶」とともに、神戸市長がつづる「私の中の神戸」。

古代から現代へ　ＫＯＢＥ歴史の旅～神戸市立博物館歴史展示ガイド～

神戸市立博物館・編／定価１２００円（税別）

まちの発展の礎となっている神戸の港。その港の発展を中心に、博物館の所蔵品などをふんだんに収録し、神戸の歴史を案内。神戸の魅力を探るファーストブックとしてもどうぞ。

神戸の歴史ノート

田辺眞人　谷口義子・著／定価１３００円（税別）

古墳や出土品からみる古代、南北朝動乱の舞台となった中世、経済と文化が花開いた近世、開港とともに世界へと開かれた近代、戦禍と震災から復興する現代まで、神戸の通史を分かりやすく解説。

絵葉書で見る神戸　ハイカラ・モダンの時代

石戸信也・著／定価２０００円（税別）

明治・大正・昭和。ハイカラ、モダンと呼ばれた時代の神戸を絵葉書や写真など貴重な資料で振り返る。

日本と世界　おもしろ玩具図鑑

日本玩具博物館・編／定価１８００円（税別）

子どもが遊び、大人が愛した「文化遺産」、それが玩具。日本玩具博物館が所蔵する国内外の玩具約９万点の中から、約３５０点を掲載。草花で作った人形、江戸時代のからくり、ままごと道具など多種多様の玩具が載った楽しい図鑑。奥深い、楽しい世界へご案内。

ひょうご雑学100選　五国の魅力〜摂津・播磨・丹波・但馬・淡路〜

先崎仁・著／定価1750円（税別）

つい、話したくなる謎が満載！　五つの国が生み出した多様性や多面性は、他にはない兵庫県の魅力。知っているようで知らない、兵庫県の姿に100の謎で迫る。

ひょうごで出会う野鳥

西播愛鳥会・編著／定価2000円（税別）

兵庫県で出会える206種の野鳥を収録。特徴や魅力はもちろん、季節ごとの暮らしや庭へ野鳥を呼ぶ方法も紹介。懸命に生きる鳥たちの姿に癒されること間違いなし。

ぐるっと探検☆産業遺産

前畑温子・著／定価1600円（税別）

駅舎、ダム、近代建築、廃線跡、鉱山…日本の近代化を支えてきた産業遺産。兵庫県を中心に大阪府、奈良県、滋賀県などの産業遺産を集めたガイドブック！

開運！しあわせ薬膳

渡部美智余・著／定価1600円（税別）

「九星」に基づいた、生まれ年で決まる色の食材を食べて、運気を上げようというレシピブック。色別に、薬膳の考え方を取り入れた新しい簡単&時短メニュー100品を収録。